家庭中的感觉统合训练
(第2版)

王 萍 高宏伟 编著

清华大学出版社
北京

内 容 简 介

0～6岁是孩子感觉统合的主要发展时期，一旦孩子的感觉结合出现问题，孩子就会出现注意力不集中、笨手笨脚，动作不协调，从而影响学习能力。本书借鉴很多学者的研究成果，向家长介绍了感觉统合的含义及相关知识，同时，提供家长利用身边的生活用具对孩子进行感觉统合训练的有效方法。所选游戏具有实用性、可操作性，还适用于对孩子已出现的感觉统合失调问题进行矫正。

本书不仅适用于家长阅读，也可供早教师、幼儿教师作为教学的参考用书。

本书封面贴有清华大学出版社防伪标签，无标签者不得销售。
版权所有，侵权必究。举报：010-62782989，beiqinquan@tup.tsinghua.edu.cn。

图书在版编目(CIP)数据

家庭中的感觉统合训练/王萍，高宏伟编著. —2版. —北京：清华大学出版社，2017
（2023.6重印）
 ISBN 978-7-302-48507-0

Ⅰ.①家… Ⅱ.①王… ②高… Ⅲ.①感觉统合失调—训练 Ⅳ.①B844.12

中国版本图书馆 CIP 数据核字(2017)第 233267 号

责任编辑：	陈冬梅　陈立静
装帧设计：	刘孝琼
责任校对：	吴春华
责任印制：	丛怀宇

出版发行：清华大学出版社
地　　址：北京清华大学学研大厦 A 座
http://www.tup.com.cn
邮　　编：100084
社 总 机：010-83470000
邮　　购：010-62786544
投稿与读者服务：010-62776969，c-service@tup.tsinghua.edu.cn
质量反馈：010-62772015，zhiliang@tup.tsinghua.edu.cn

印 装 者：北京鑫海金澳胶印有限公司
经　　销：全国新华书店
开　　本：169mm×230mm　　印　张：13.75　　字　数：200 千字
版　　次：2011 年 11 月第 1 版　2017 年 10 月第 2 版　印　次：2023 年 6 月第 14 次印刷
定　　价：38.00 元

——

产品编号：071155-01

前　　言

　　婴幼儿时期是人生长发育速度最快的时期，也是感觉发展的关键时期。研究表明，这一时期婴幼儿的大脑具有很大的可塑性。刚刚出生的宝宝的脑细胞与成人脑细胞一样多，约为1400亿个，只是宝宝的脑细胞之间的网络线路连接起来的数量稀少。如果父母能够在宝宝成长的关键时期尽早给予宝宝丰富的营养和大量的感觉刺激，训练宝宝的感觉统合，开发宝宝的大脑，那么，宝宝的神经细胞就会像花蕾萌发一般萌生出神经触突，并借助这些神经触突与其他神经细胞相互连接，形成纵横交错的神经网络通道，使信息传递迅速快捷，让宝宝更聪明、更健康。

　　人的感觉统合能力就像一个交通指挥者，有了它，各种感觉神经网络的通道才会保持顺畅，不出现堵塞，从而保证所有的学习和动作操作顺利进行。可以这样说，在达到正常人的各种有目的的协调行动方面，感觉统合能力的作用是不可或缺的。正因为人的大脑具有感觉统合的能力，所以才能协调身体对外界的刺激做出适应性反应。因此，成长中的宝宝不仅需要各种感觉学习，还需要家长关注其感觉统合的发展，并对其进行有效的感觉统合训练。

　　随着都市化生活的发展，宝宝的活动空间越来越狭小，加之家长的教养理念以及方式等诸多因素的影响，很多宝宝出现了感觉统合问题，且呈现出上升态势。宝宝的感觉统合出现了问题，不仅给宝宝自身的成长带来隐患，还让家长痛苦万分，一些家长为了"拯救"孩子，到处求医，浪费了很多的精力，承受着很大的经济负担。因此，训练宝宝的感觉统合能力应该引起有关人士及家长的高度重视。这既关系到家庭的和谐幸福，又关系到国民素质的提高。

　　宝宝的感觉统合发展可以分为三个时期：预防期（3岁前）、最佳矫正期（6岁前）、弥补期（10岁前）。家长如果能在宝宝出生后就对宝宝的感觉统合加以关注，知晓感觉知识，并在日常生活中，学会利用身边的生活用具及早地对宝宝进行感觉统合训练，就能预防宝宝感觉统合失调，宝宝也将受益终生。

　　编写本书的目的，是让家长初步了解感觉统合的基本常识，可以根据宝宝的年龄对宝宝进行感觉统合训练，预防宝宝感觉统合失调。本书中介绍的感觉统合训练方法，对已经出现了感觉统合失调的宝宝，同样可以起到矫正的作用。

在本书的编写过程中，参阅并借鉴了大量专业人士总结的经验，对感觉统合及相关知识进行了概要性阐述，提供了前庭觉、本体觉、触觉、视觉、听觉、精细动作等方面的感觉统合训练游戏。

本书力求贴近家庭生活，突出通俗性、实用性，具有可读性和可操作性，适合广大家长、幼儿教师使用。

本书编写时参阅并借鉴了大量的国内外书刊，以及一些网络（如中国早教网、育儿网、摇篮网、宝宝树网等）发布的研究成果和最新资料。在此，对文章的作者表示衷心的感谢。书中所有游戏插图均由闫力菁绘制，再版时，王媛、曹妍励对游戏插图作了修复。

由于作者水平有限，在写作过程中，难免会有失偏颇，存在疏漏，敬请读者批评指正。

作　者

目　　录

第一篇　感觉统合训练知多少 1

　什么是感觉统合 3

　什么是感觉统合失调 3

　感觉统合失调对孩子的成长
　有哪些影响 3

　感觉统合失调的原因
　有哪些 4

　感觉统合失调的初步判断 4

　感觉统合失调的预防 5

　什么是感觉统合训练 6

　感觉统合训练常用的器械有
　哪些 6

　感觉统合训练的目的
　是什么 14

　感觉统合训练对孩子的成长
　有哪些作用 14

　感觉统合训练应遵循哪些
　原则 15

　家庭中的感觉统合训练有什么
　特点 15

**第二篇　家庭中宝宝的
　　　　　前庭觉训练** 17

　前庭觉小常识 18

　　什么是前庭觉 18

　　前庭觉有哪些功能 20

　　前庭觉失调有哪些表现 20

　　前庭觉失调的原因有哪些 .. 20

　　前庭觉失调对孩子的成长有
　　哪些影响 21

　家庭中的前庭觉训练游戏 21

　　游戏1 21

　　游戏2 22

　　游戏3 24

　　游戏4 25

　　游戏5 26

　　游戏6 27

　　游戏7 28

　　游戏8 29

　　游戏9 30

　　游戏10 31

　　游戏11 32

　　游戏12 33

　　游戏13 34

　　游戏14 35

　　游戏15 36

　　游戏16 37

　　游戏17 38

　　游戏18 39

目录

游戏 19 40
游戏 20 41
游戏 21 42
游戏 22 43
游戏 23 44
游戏 24 45
游戏 25 46
游戏 26 47
游戏 27 48
游戏 28 49
游戏 29 50
游戏 30 51

第三篇 家庭中宝宝的本体觉训练 53

本体觉小常识 54
  什么是本体觉 54
  本体觉有哪些功能 55
  本体觉失调有哪些表现 55
  本体觉失调的原因有哪些 55
  本体觉失调对孩子成长的影响 56

家庭中的本体觉训练游戏 56
  游戏 1 56
  游戏 2 58
  游戏 3 59
  游戏 4 60
  游戏 5 61
  游戏 6 62

游戏 7 63
游戏 8 64
游戏 9 65
游戏 10 66
游戏 11 67
游戏 12 68
游戏 13 69
游戏 14 70
游戏 15 71
游戏 16 72
游戏 17 73
游戏 18 74
游戏 19 75
游戏 20 76
游戏 21 77
游戏 22 78
游戏 23 79
游戏 24 80
游戏 25 81
游戏 26 82
游戏 27 83
游戏 28 84
游戏 29 85
游戏 30 86

第四篇 家庭中宝宝的触觉训练 87

触觉小常识 88
  什么是触觉 88

目录

触觉有哪些功能..........89
孩子触觉发育的年龄特点....90
触觉统合失调的表现
有哪些..................90
孩子触觉统合失调的原因
有哪些..................91
触觉统合失调对孩子成长的
影响....................92
触觉家庭训练游戏..........92
  游戏 1..................92
  游戏 2..................95
  游戏 3..................96
  游戏 4..................97
  游戏 5..................98
  游戏 6..................99
  游戏 7..................100
  游戏 8..................101
  游戏 9..................102
  游戏 10.................103
  游戏 11.................104
  游戏 12.................105
  游戏 13.................106
  游戏 14.................107
  游戏 15.................108
  游戏 16.................109
  游戏 17.................110
  游戏 18.................111
  游戏 19.................112
  游戏 20.................113
  游戏 21.................114
  游戏 22.................115
  游戏 23.................116
  游戏 24.................117
  游戏 25.................118
  游戏 26.................119
  游戏 27.................120
  游戏 28.................121
  游戏 29.................122
  游戏 30.................123

第五篇　家庭中宝宝的
　　　　视听统合训练........125

视听知觉小常识............126
  什么是视知觉............126
  视知觉有哪些功能........127
  孩子视觉发育的年龄
  特点....................128
  孩子视觉发育状况家庭
  小测试..................128
  视知觉统合失调的表现
  有哪些..................129
  视知觉统合失调产生的原因
  有哪些..................129
  什么是听知觉............130
  听知觉有哪些功能........132
  孩子听觉发育的年龄
  特点....................132

孩子听知觉发育状况家庭小测试 133

听知觉统合失调的表现 134

听知觉统合失调有哪些原因 134

视听知觉统合失调对孩子成长的影响 134

视听知觉家庭训练小游戏 135

    游戏1 135

    游戏2 137

    游戏3 138

    游戏4 139

    游戏5 140

    游戏6 141

    游戏7 142

    游戏8 143

    游戏9 144

    游戏10 145

    游戏11 146

    游戏12 147

    游戏13 148

    游戏14 149

    游戏15 150

听知觉家庭训练游戏 151

    游戏1 151

    游戏2 152

    游戏3 153

    游戏4 154

    游戏5 155

    游戏6 156

    游戏7 157

    游戏8 158

    游戏9 159

    游戏10 160

    游戏11 161

    游戏12 162

    游戏13 163

    游戏14 164

    游戏15 165

第六篇　家庭中宝宝的精细动作训练 167

精细动作小常识 168

    什么是精细动作 168

    发展宝宝精细动作的意义 168

    宝宝精细动作发育不良的原因 169

    宝宝精细动作发展的特点和规律 170

    宝宝精细动作发育不良对孩子成长的影响有哪些 ... 171

    精细动作训练应注意哪些问题 171

    不同阶段宝宝精细动作的训练要点有哪些 172

目 录

家庭中的精细动作训练游戏 172
    游戏 1 172
    游戏 2 174
    游戏 3 175
    游戏 4 176
    游戏 5 177
    游戏 6 178
    游戏 7 179
    游戏 8 180
    游戏 9 181
    游戏 10 182
    游戏 11 183
    游戏 12 184
    游戏 13 185
    游戏 14 186
    游戏 15 187
    游戏 16 188
    游戏 17 189
    游戏 18 190
    游戏 19 191
    游戏 20 192
    游戏 21 193
    游戏 22 194
    游戏 23 195
    游戏 24 196
    游戏 25 197
    游戏 26 198
    游戏 27 199
    游戏 28 200
    游戏 29 201
    游戏 30 202

参考文献 207

第一篇
感觉统合训练知多少

都市化的生活让很多家长对孩子的个别行为表现感到困惑，例如，有些孩子经过各种检查，大脑发育没有任何缺陷，做智力测试属正常或优秀智商，但他们在现实生活中表现出多动、任性、注意力不集中、行为冲动、讲话不流畅、胆小等问题，当家长带孩子到医院去检查时，发现孩子的问题并不是因为某种疾病引起，而是因为孩子大脑的整合功能发育不良所致，这种现象医学上称为感觉统合功能失调。感觉统合功能失调不仅影响到孩子的身体健康，还影响到孩子的心理健康，甚至会影响到孩子未来学习能力的发展，家长应该高度关注。

目前，很多家长对感觉统合相关问题了解不多，因此，常常不去关注孩子的感觉统合问题，当孩子长大后出现了问题才想着四处求医，结果错过了感觉统合训练与治疗的关键时期；还有的家长认为，只有感觉统合严重失调的孩子才有必要进行感觉统合训练。其实不然，大量科学研究表明，在孩子生长发育的过程中，几乎所有的孩子都存在一定程度的感觉统合失调，只是表现的轻重程度不同而已。因此，家长应该从孩子生命降临的那一天起，就重视在日常生活中对孩子进行感觉统合训练。

孩子的感觉统合发展有其自身的规律。6岁之前是感觉统合发展的重要时期，也是感觉统合失调的最佳预防期，4～8岁为感觉统合失调的最佳治疗期。如果家长发现孩子在5岁之前与同龄孩子的感觉发展水平有较大偏离，就需要到相关机构或医院进行咨询。一旦孩子真正出现了感觉统合失调，其未来的学习及发展就会受到极大的影响。因此，家长需要关心的不仅仅是孩子的潜力开发、身体健康和营养供给，更应该高度关注孩子的感觉统合发展，留意孩子的感觉统合发展的状况。

在孩子成长的黄金期，父母作为孩子的第一任教师，要担负起科学养育孩子的责任，学会在家庭日常生活中，利用游戏对孩子进行感觉统合训练。通过各种训练，预防孩子感觉统合失调，促进孩子感觉统合的健康发展，为孩子健康快乐地成长奠定良好的基础，真正成为孩子成长过程中有效的陪伴者。只有这样，才能不让感觉统合失调问题困扰孩子，影响孩子的学习和生活，成为孩子一生的遗憾。"不让孩子输在起跑线上"的愿望才有可能实现。

什么是感觉统合

感觉统合是指个体在日常生活中,将来自不同感觉通路的信息,如视觉、听觉、嗅觉、味觉、触觉以及平衡觉、本体觉等,通过大脑中枢神经的前庭觉进行过滤和辨识,然后把重要的信息传递给大脑,通过大脑对信息进行加工处理、协调整合之后,形成知觉,再指挥身体做出正确的反应,这个过程是吸收有效信息和做出适应性反应的过程,即感觉统合,简称"感统"。

感觉统合的理论首先是由美国加利福尼亚大学临床心理学家爱尔丝博士等学者根据神经生理学理论,于1972年提出的一套完整、综合的理论和实践相结合的教育理念。

什么是感觉统合失调

感觉统合失调是指外部的感觉刺激信息无法在孩子的大脑神经系统中进行有效的组合,孩子的大脑对身体各器官失去了控制和整合的能力,而使机体不能和谐运作的现象。例如,孩子看到了笔,想把它拿到手里,但不能自如地控制自己的手来完成拿笔的动作。

感觉统合失调对孩子的成长有哪些影响

科学研究证明:感觉统合失调会导致大脑无法合理安排身体的动作,包括注意力、自我控制能力、协调能力等,这在不同程度上削弱了孩子的认知能力与适应能力,使其无法完成更高级、更复杂的认知活动。久而久之形成了各种障碍,推迟了孩子的社会化进程,最终严重影响孩子的健康成长。感觉统合失调对孩子成长的影响主要表现在以下几个方面。

(1)影响孩子的智力发育及学习能力的提高。

(2)容易产生人际关系敏感或社交退缩等方面的问题。

（3）出现性格上的障碍。

（4）推迟孩子的社会化进程。

（5）严重影响孩子的心理素质状况。

婴幼儿时期是人的大脑发育最快的时期，感觉统合发展的关键期在6岁以前，尤其3岁前更为关键。家长和教师应及早发现孩子的这些行为问题，并及时对其进行感觉统合训练及心理干预，为促进孩子的健康成长提供感觉统合方面的保障。

感觉统合失调的原因有哪些

感觉统合失调产生的原因主要有以下几个方面。

（1）胎位不正产生的固有平衡失常。

（2）因剖宫产导致孩子在出生过程中没有经过正常产道的挤压，从而失去了第一次触觉学习的机会。

（3）天生的中枢神经系统不健全，如轻度大脑功能失常。

（4）保护过度或活动空间太小，缺少各种运动的机会，如爬行训练不足等。

（5）过早使用代步车，造成前庭觉和本体觉没有得到很好的训练。

（6）父母忙碌，对孩子缺少足够的触摸、爱抚和情感交流，造成孩子大脑感觉刺激不足。

（7）过多考虑安全因素，限制孩子的活动范围。

（8）家长不注重孩子的感觉统合能力的训练。

（9）缺少同伴互动环境，造成视听统合发育迟缓。

感觉统合失调的初步判断

感觉统合失调会逐渐在孩子的成长过程中表现出来，但因其症状比较隐蔽，一般不易被察觉。所以，家长要细心观察孩子的日常行为表现，一旦发现孩子有感觉统合失调的行为特征，应及早向专家进行咨询，及时提供给孩子适当的感觉

刺激活动，改善孩子的感觉统合失调问题。孩子是否存在感觉统合失调问题，可以根据以下表现做出初步的判断。

（1）活动量大，不能持久静坐，注意力不集中。

（2）体态笨拙、动作协调性欠佳，平衡能力较差，易摔跤。

（3）讨厌被触摸，对一些触觉信息刺激有厌恶感。

（4）做事或写作业磨蹭。

（5）黏人，好哭闹。

（6）常常对事物视而不见、听而不闻。

（7）喜旋转。

（8）容易与别人发生冲突，攻击性强。

（9）吮手指、咬指甲、咬人。

（10）适应新环境有困难，处理事情缺乏计划而显得杂乱无章。

感觉统合失调的预防

感觉统合失调是可以预防的。无论什么疾病，再好的治疗也不如预防。如果母体能在孕前、孕程中注意情绪、饮食及科学地孕育，就能从源头上解决孩子的感觉统合失调问题。孩子出生后，如果家长能够科学地使用一些游戏的方法，对孩子进行有效的感觉统合训练，一般来说，感觉统合失调也可以得到预防。

（1）孕前要注意营养供给，避免药物及有毒化学物质的摄入，降低压力和焦虑，保持平稳的情绪，以保证受精卵的质量。

（2）孕程中，准妈妈同样要注意上述问题，并注意做一些适当的运动，以保证胎儿在母亲体内的被动运动。

（3）生产后，多给孩子提供丰富的感觉刺激及活动的机会。随着社会的进步与发展，当代生活已变成了现代化、都市化的生活方式，拥挤的楼群和狭小的活动空间让孩子们失去了交流和活动的机会。因此，家长要尽量为孩子拓展活动空间，要给孩子提供活动的机会，还要给孩子提供多看、多听、多摸、多说的机会，并重视孩子感觉统合发展关键期中的感觉统合训练。这样，不仅能够预防孩子感觉统合失调的发生，还能够促进孩子智力和社会适应能力的发展，预防各种行为问题和情绪问题。

什么是感觉统合训练

感觉统合训练简称"感统训练"，其本质是以游戏的形式来丰富孩子的感觉刺激，针对孩子感觉统合发展的水平而精心设计的感觉统合活动项目。孩子在与特定的环境相互作用时，做出适应性反应，以促进大脑功能的完善，预防或纠正感觉统合失调现象，从而刺激其感觉统合能力的发展。

感觉统合训练不只适用于感觉统合失调的孩子，正常的孩子通过感觉统合训练也能起到预防感觉统合失调的作用。感觉统合训练可以提高儿童的大脑组织协调能力、基本活动能力，以及学习和社会交往能力，弥补目前都市化城市里的孩子缺少运动的不足，有利于培养儿童良好的情绪、兴趣、意志、气质等。可以说，"感统训练等同于儿童健身运动"。

一般来说，专业的感统训练要求专业教师在测查和了解孩子感觉统合发展水平的基础上，利用感觉统合训练器械或自制感统训练器械，设计相应的游戏式训练课程，让孩子快乐地参与。一般的孩子经过 2~4 个周期（20 节课/周期）的训练，就可以取得明显效果。

感觉统合训练常用的器械有哪些

1. 前庭平衡觉训练

前庭平衡觉训练活动包括摇晃和旋转的活动，例如，玩吊桶、荡秋千、晃平衡板、滚圆筒、玩大陀螺、转大笼球等；滑板活动，例如，冲滑板、爬滑板、滑板推球、滑板转圈等；还有跳跳床、走平衡木、踩脚踏车等。

常用器械有圆筒、平衡脚踏车、按摩大笼球、滑梯、平衡木、晃动独木桥、各种滑车。

2．本体觉训练

本体觉训练活动包括关节按压、推小车、拿重物、攀岩、抛接球、跳床、跳球、拉单杠、翻跟斗、倒立摇晃、压大笼球、双人转大笼球等。

常用器械有跳床、平衡台、晃动独木桥、S形垂直平衡木、滑板、圆形平衡板、独脚椅、羊角球、跳袋等。

3．触觉训练

触觉训练活动包括大笼球（或触觉球）压滚游戏、球池游戏、钻被子游戏、抓痒游戏、刷身游戏、寻宝游戏、吹风游戏、玩橡皮泥游戏等。

常用器械有按摩球、海洋球池、平衡触觉板。

4．听动统合训练

听动统合训练活动包括寻找声源、配对声音、听觉统合训练等。

5．视动统合训练

视动统合训练活动包括钻山洞、吹泡泡、玩大陀螺、暗室内追光游戏、躲猫猫等。

下面介绍几种常用的器械。

平衡脚踏车：训练孩子关节、增强肌肉信号输入能力，促进全身肌肉的发展，促进自我动作的控制力和协调性，提高注意力，培养自信心。

大笼球：训练触觉、前庭觉，增强身体平衡性，有利于情绪掌控。

按摩大笼球：球面有特殊设计的软质颗粒，可提供丰富的触觉刺激，稳定情绪。

大滑梯：训练平衡能力、注意力及身体协调性，刺激前庭，可使孩子头部、颈肌同时收缩，促进身体保护伸展行为的成熟。

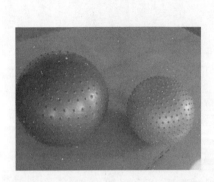

滑板车：刺激前庭、触觉，训练平衡能力、注意力及身体协调性。运动中大量的视觉情报、脊髓及四肢的本体感，使整体感觉统合运动功能积极发展。

摇滚跷跷板及平衡台：能帮助孩子掌握平衡能力，增强身体的协调性。

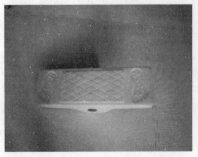
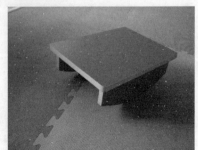

独脚凳：练习伸展和保持平衡、协调身体，控制重力感，建立前庭觉机能。

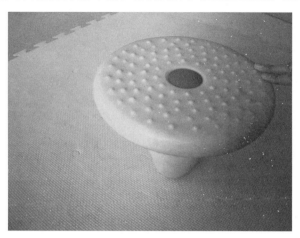

晃动平衡木：训练双侧肢体的配合，增强平衡能力，建立肌体觉、空间知觉。

跳袋：通过在跳袋内向前后左右跳跃，可帮助孩子克服本体感不足及触觉敏感或不足，促进身体协调性的发展，训练平衡力。

蛋形平衡盘：训练平衡力、注意力以及身体的协调性。

手摇旋转盘：训练本体感，增强方位意识，提高运动企划能力。
海洋球池：训练孩子的触觉、前庭觉，促进身体平衡。

羊角球：训练平衡感、动作协调性及触觉，有利于情绪掌控。
跳床：训练身体平衡感、协调性及触觉，有利于情绪掌控。

大陀螺：训练身体协调性、触觉及刺激左右脑的发展。

四分之一圆平衡板：不同的变化有不同的玩法，为孩子提供难度较高的动作并提升其平衡能力，加强本体感及触觉训练。

吊缆（圆筒和圆木、插棍）：训练注意力，手、眼、脑的协调性，促进固有前庭觉输入统合功能。

平衡步道：由塑柄横杆组成的步道，每组4串4种颜色，可相互串边，让孩子在上面尽情地爬、走、跑、跳，刺激孩子脚底神经及全身的触觉感应。

S形平衡木：帮助孩子建立本体感觉和增强身体平衡能力。

阳光隧道：训练本体感，令触觉敏感，对孩子头、手、脚的协调及前庭觉的调节有很大帮助。

第一篇 感觉统合训练知多少

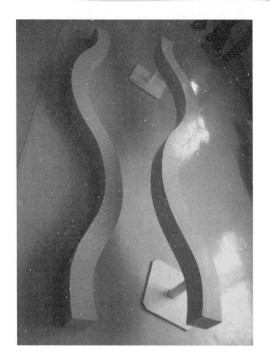

平衡触觉板 1：主要对孩子的平衡、触觉方面进行锻炼。它可以摆成不同的形状，让孩子在上面走，使其脚底得到按摩，促进血液循环。

平衡触觉板 2：各种不同形状的触点可刺激孩子的脚部神经及全身触觉感。它可任意变换，训练孩子的平衡能力，使其体验行走的乐趣。

感觉统合训练的目的是什么

（1）提供给孩子丰富的感觉信息，使其建立复杂的神经网络通道。

（2）帮助孩子控制和调节感觉信息。

（3）帮助孩子对各种感觉刺激做出适当的反应，促进孩子感觉统合能力（如平衡协调能力、行为能力、组织控制能力、学习能力、集中注意的能力）的提升。

感觉统合训练对孩子的成长有哪些作用

感觉统合训练可以直接刺激到孩子脑干层次的细胞，协调孩子神经系统的组织及整合功能的发展。因此，让孩子从一出生就接受感觉统合训练，能够改善孩子的手眼协调能力，提高孩子的注意力及动作的协调能力，使其改善人际关系，学会表达情绪，树立自信心，以及培养积极的人生态度。

（1）提高自控能力。感觉统合训练不仅是对生理功能的训练，还涉及心理、大脑和躯体之间的相互关系，孩子通过训练可增强自信心和自我控制能力，情绪变得稳定，注意力有所改善。

（2）提高学习能力。感觉统合训练的关键是同时给予孩子视觉、听觉、嗅觉、触觉、关节、肌肉、前庭等多种刺激，并将这些刺激与运动相结合，让孩子做出正确的反应。感觉统合训练对改善孩子注意力集中程度、提高学习成绩等都具有明显效果。

（3）提高身体的协调能力。感觉统合训练对孩子运动平衡能力差及动作不协调的训练效果非常显著。

（4）提高适应环境能力。通过感觉统合训练，孩子与环境产生互动，有助于孩子认识物体的形状、颜色、质感、声音等，有助于提高孩子认识自己身体的能力，有助于孩子应变能力、协调能力、平衡能力的发展。

（5）促进孩子心理成长。在感觉统合游戏中，孩子有大量与其他小朋友玩耍的机会，可以培养孩子合群、开朗的个性。当孩子能掌握并独立完成各种游戏和活动时,会由此获得鼓励和赞扬,其自尊心得到了满足,也有了成功的体验,并感受到其中的乐趣,使孩子宣泄能量和情绪,有助于身心的发展。

感觉统合训练应遵循哪些原则

(1)安全性原则:感统训练要保证孩子的安全,同时,老师自身也要注意安全。

(2)快乐原则:训练中可适当降低运动强度或改变游戏规则,让孩子有机会体会到成功的喜悦。

(3)积极反馈原则:训练过程中,给孩子以积极的反馈,并与家长分享孩子成功的喜悦。

(4)因人而异原则:感觉统合训练的目标和内容应根据孩子的年龄和失调的特点进行设计,设计的活动应具有一定的针对性。

(5)循序渐进原则:训练活动的安排应从孩子感兴趣的活动切入,由易到难地安排,循序渐进,这样可以避免孩子一开始遭遇挫折就拒绝训练的情况的发生。

(6)游戏性原则:训练中要把感觉统合训练的器械当作玩具,要使每一种器械创造出更多生动有趣、轻松愉快、一物多用的玩法。把训练寓于游戏之中,唤起孩子强烈活动的欲望,以预防或矫正孩子的感统协调性问题。

家庭中的感觉统合训练有什么特点

家庭是孩子接触的第一个成长环境,因此,在家庭中对孩子进行感觉统合训练至关重要。父母作为孩子的首任老师,如果能在孩子出生后感觉发展极为关键的头三年里,结合感觉统合知识,提早对其进行有效的感觉统合训练,就能够预防孩子的感觉统合失调,为孩子日后的发展打下良好的根基。

家庭中的感觉统合训练主要是以家长为主导,以孩子为中心,利用家庭中的生活用品、自制的活动器械,与孩子一起做游戏,通过游戏训练孩子的各种感觉统合能力。其特点如下。

（1）操作简单。家长可以随时随地操作，不需要进行复杂的设计，简单易行。

（2）经济实惠。专业的感觉统合训练一般要通过感觉统合器械来完成，这势必给工薪族家庭带来一定的经济负担。而家庭中的感统训练，是利用家庭中的生活用品来实现的，不需要另付玩具或训练费用，经济实惠。

（3）讲究实效。家长是孩子成长的陪伴者，对孩子的问题最了解，因此，在训练过程中能够针对孩子的发育水平或存在的问题进行训练，增强了训练的实效性。

（4）增进亲子关系。家庭中的感觉统合训练强调以游戏为纽带，因此，家长和孩子要有良好的互动，这有助于加深家长与孩子间的亲子关系，对孩子身心的成长有一定的积极作用。

总之，家庭中的感觉统合训练可以让家长在孩子成长的过程中，用最少的投入，获得最佳的效果，为实现孩子成才的梦想迈出坚实的第一步。

第二篇
家庭中宝宝的前庭觉训练

前庭觉小常识

什么是前庭觉

在大脑后下方脑干的前面,有一个微小的雷达式感应器官,称为前庭神经核。它是大脑信息的守门器官,身体任何信息进入大脑,必经前庭神经核过滤,以前庭神经核组成的神经体系便是前庭体系。

前庭体系必须和平衡体系保持密切的协调,人类才能理解视听信息和身体间的正确关系,进而做出应有的反应,这便是所谓的前庭平衡。处理前庭平衡的整个感觉系统,则称为前庭觉。视、听、嗅、味等感觉,头部和颈部的所有活动,以及这些信息和大脑功能区脑细胞的互动,都属于前庭觉。前庭觉是影响婴幼儿成长和学习最重要的一种能力。

前庭网膜位置图如下。

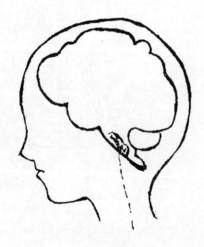

前庭网膜

前庭神经图如下。

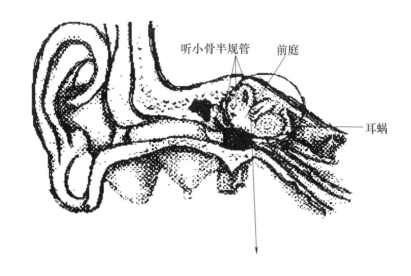

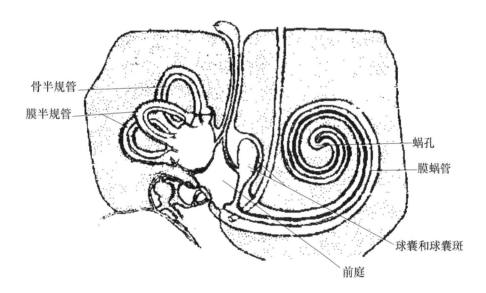

前庭觉有哪些功能

（1）前庭觉的主要功能是接受视、听、嗅、味、触等各种感觉通道的信息，并做过滤及辨识后再传入大脑，目的是不让大脑太忙碌，以集中注意力。前庭觉对带有视、听性质的学习影响最大。

（2）前庭觉的功能之二是掌管人体的平衡和空间方位的感应，这犹如一架飞机的方向陀螺仪，如果发挥不佳，人对于环境给予的重力反射信息就无法做出有效的处理，人的平衡感和空间感应力就会受到干扰，而出现身体失衡，进而迷失方向。

（3）前庭觉和其他感觉系统的发展有密切的关系。例如，眼球的追视能力、专注力、阅读力、音感能力、触觉等；同时，前庭也引导肌肉张力的正常发展，牵动着筋肉关节的活动，进而影响到姿势机能的统合。

（4）前庭系统与儿童的语言发展关系密切。由于语言的发展牵涉视、听、触等感觉以及嘴、舌、喉部、声带、腹部等的肌肉动作，所以，当前庭系统发展不良时，孩子的语言发展会受到影响，产生迟缓或障碍。

前庭觉失调有哪些表现

前庭觉失调的孩子表现为多动不安，逃避或害怕运动。孩子多表现为笨手笨脚、不听指挥，常撞倒东西或跌倒。喜欢玩旋转的游乐设施而不会感到头晕和恶心。人的大脑中枢神经贯穿前庭觉，前庭神经不佳的孩子，身体行动及左右脑思考都会陷入混乱，注意力不集中，协调能力差，特别是会引发语言发展的严重障碍。

前庭觉失调的原因有哪些

（1）母亲怀孕期间运动不足、胎位不正、羊水过多等，都有可能导致胎儿前

庭平衡机能发育迟缓。

（2）宝宝早期活动不足、爬行不够，也会导致前庭平衡失调。

（3）坐小推车。表面上看小推车让孩子更舒适些，家长也会轻松一些，但会剥夺孩子被背、被抱的机会，还会减少孩子获取外界刺激的机会，从而影响孩子前庭平衡功能的发展。

前庭觉失调对孩子的成长有哪些影响

孩子在成长期，特别是在 3 岁前后左右脑功能分化的过程中，如果前庭觉发育不良，就会影响发育且形成障碍。

多动的孩子有一部分属于前庭觉失调。前庭觉失调会影响孩子注意力的集中程度，使之做事不专心，爱做小动作，很难与其他同伴相处。

前庭觉失调也会影响孩子的平衡感，使其动作协调性差，自控能力差，做事没信心，尤其会影响到孩子的学习能力。

前庭也包括和语言发展相关的器官，所以前庭觉发育不良，孩子语言能力的发展也会受到影响，如有些孩子说话晚、语言表达有困难等。

家庭中的前庭觉训练游戏

 游戏 1

游戏名称：抱抱亲亲。
训练目标：刺激孩子的前庭觉。
适合年龄：0～6 个月。

操作方法：

1. 工具准备：无。
2. 工具摆放：无。
3. 操作过程：宝宝出生之后，家长可以轻柔地将宝宝抱在怀里，亲亲他并轻轻摇晃，或放在摇篮里轻摇，让他重温羊水世界的感觉，借以增加宝宝的安全感。
4. 游戏时间：5~10分钟。

注意事项：注意晃动的幅度不要太大。摇晃婴儿的幅度不宜超过5°，且时间不宜过长，一次5~10分钟为宜。

延伸训练：也可以拿一个枕头，将宝宝置于枕头上，轻轻地摇晃，同时，播放音乐，让宝宝在悠扬的音乐中享受前庭觉的刺激。

游戏名称：抬抬头。
训练目标：扩大宝宝的视野，促进其前庭觉发育。
适合年龄：1~3个月。

第二篇 家庭中宝宝的前庭觉训练

操作方法：

1. 工具准备：无。
2. 工具摆放：无。
3. 操作过程：将宝宝竖直抱起来，靠在妈妈的肩头，让他的头部慢慢离开，自然竖立几秒钟。可以在每次喂完奶后进行。或让宝宝与你面对面趴在你的身上，把他的头扶正，然后由斜靠姿势慢慢躺平，宝宝会自然地努力抬头。
4. 游戏时间：1～2分钟。

注意事项： 宝宝刚吃饱时，注意不要让其俯卧；练习抬头时间不能过长，以1～2分钟为宜；游戏结束后要让宝宝仰卧休息。

延伸训练： 让宝宝趴在床上，头偏向一侧，然后在另一侧呼唤或逗引他，让他把头抬起片刻。也可以从宝宝背后扶着他的肩膀做抬起、放下的动作。

游戏名称：爬呀爬。

训练目标：锻炼宝宝头、颈、背部及四肢肌肉的运动能力,增强其体质。

适合年龄：1～6个月。

操作方法：

> 1. 工具准备：无。
> 2. 工具摆放：无。
> 3. 操作过程：每天给宝宝洗完澡或做完按摩操后,让宝宝俯卧在床上,尽管他还抬不起头来,但是当你用手抵住宝宝的小脚板时,他就会向后用力蹬,并以腹部为支点向前爬行。
> 4. 游戏时间：1～2分钟。

注意事项：宝宝1个月时,训练时间要短至约1分钟,随着月份的增加可以逐渐延长时间。

延伸训练：待宝宝能爬时,放障碍物让宝宝爬行。

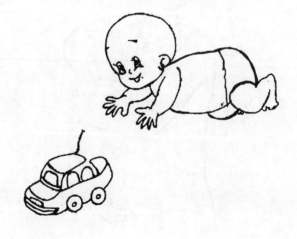

第二篇 家庭中宝宝的前庭觉训练

游戏名称：悠啊悠。
训练目标：预防宝宝肢体不灵活、易跌倒、前庭觉失调等情况的发生。
适合年龄：3~15个月。
操作方法：

1. 工具准备：床单一条。
2. 工具摆放：将床单平铺在床上或地毯上。
3. 操作过程：让宝宝躺在床单中间，两位家长各抓起床单的两个角开始做左右和前后摇晃，摆幅由小到大，反复进行。
4. 游戏时间：5~10分钟。

注意事项：注意不要让孩子离地面太高，以孩子不害怕为宜。
延伸训练：家长蹲在地上将床单放窄放松，让孩子横趴在床单上，使其头、上肢和腿不在床单上，然后做前后摇晃，并在地上放些毛绒玩具让孩子去摸或去抓，每次5~10分钟。

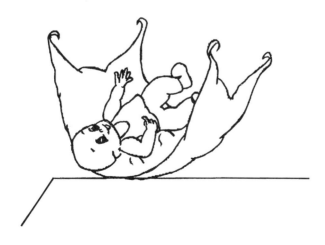

游戏名称：宝宝飞。
训练目标：促进宝宝前庭觉的发展。
适合年龄：3~9个月。
操作方法：

1. 工具准备：无。
2. 工具摆放：无。
3. 操作过程：当你躺在床上或地板上时，轻柔地将宝宝举起、放下，或者搂着他的胸部或腹部，让宝宝向前"飞"，向后"飞"，或从一边"飞"向另一边。缓缓地放低他的头，然后放低他的脚，让他缓慢而轻柔地朝各个方向移动，使宝宝沉浸在一种舒适飞翔的感觉中。
4. 游戏时间：5~10分钟。

注意事项：在宝宝可以抬头时才能玩这个游戏。
延伸训练：可以双手托住宝宝的两只脚，转圈飞。

第二篇 家庭中宝宝的前庭觉训练

游戏名称：忽上忽下。
训练目标：让宝宝感受空间变化，促进前庭觉的发展。
适合年龄：5～9个月。
操作方法：

1. 工具准备：无。

2. 工具摆放：无。

3. 操作过程：可将宝宝以水平的方式抱起，并且缓慢地上下移动，让宝宝感受上下不同的空间感，之后再改换一只手托住宝宝的臀部，另一只手托住宝宝的头颈部，以坐姿的形式平顺地上下移动，有时托高一点，有时托低一点，待一会儿，回至水平仰躺状，之后再慢慢地让宝宝脚上头下，头上脚下，使其有头脚位置的变化。

4. 游戏时间：5～10分钟。

注意事项：若宝宝出现惊慌的表情，则不宜再进行。
延伸训练：可以先让宝宝仰躺在床上，用手轻轻抓住宝宝的两只小脚，平顺而自然地将他倒提起来，接着模仿老爷钟的钟摆的方式，将宝宝左右轻摇2～3次。需特别提醒的是，若宝宝出现惊慌的表情，则不宜再进行。

游戏 7

游戏名称：左转右转。

训练目标：使宝宝接受来自不同方向的前庭刺激，强化筋肉关节张力，促进宝宝站立与行走平衡感的发展。

适合年龄：8~12个月。

操作方法：

1. 工具准备：床单一条。
2. 工具摆放：将床单平铺在床上或地毯上。
3. 操作过程：可让宝宝趴在床单上，接着拉起头部方向的床单角，然后慢慢地将床单沿顺时针方向转1~3圈，稍作停留后，再逆时针转1~3圈，借以训练其前庭觉。
4. 游戏时间：3~5分钟。

注意事项：宝宝在1岁前头顶的囟门尚未闭合，因此在给予其前庭刺激时，速度要缓慢，且动作幅度不宜过大。

延伸训练：可以让宝宝趴在家长的肩膀上，由家长托起其双脚，先顺时针自转1~3圈，稍作休息后，再逆时针转1~3圈。如果家长本身平衡感不佳，抱着宝宝坐在摇椅上玩，也是很好的刺激。

 游戏 8

游戏名称：滚筒筒。

训练目标：主要预防孩子颈部僵化、软弱无力的情况发生。

适合年龄：8 个月至 2 岁。

操作方法：

1. 工具准备：棉被一条。

2. 工具摆放：将棉被折成 2～3 折，卷成筒状。具体视孩子的大小而定，卷成相应的高度。然后摆放在床上或地毯上。

3. 操作过程：让宝宝俯卧在被筒中部，抬起头，家长握住宝宝的双脚或小腿前后滚动，反复进行。

4. 游戏时间：5～10 分钟。

注意事项：放在周围没有可碰撞的地方，确保孩子的安全。家长拉动孩子的频率及力度视孩子的具体情况而定。

延伸训练：可以在宝宝前方的地板上，放一个毛绒玩具，让宝宝在滚动时去抓，然后投出去。

游戏名称：模仿秀。

训练目标：预防宝宝好动不安、注意力不集中、易摔跤等情况的发生。

适合年龄：12个月至3岁。

操作方法：

1. 工具准备：地毯一块。
2. 工具摆放：将地毯平铺在地板上。
3. 操作过程：让孩子趴在地毯上，同时学着小动物爬行，并不时抬起头，学小动物叫，然后家长也四肢着地趴下，让孩子从家长身下来回钻爬，或围绕家长转圈爬。
4. 游戏时间：10分钟。

注意事项：家长应视孩子的大小来决定运动量，累了可坐下来休息一下。

延伸训练：孩子也可模仿兔子跳蹦，学蛇弯曲爬，模仿一切可模仿的动物爬行，也可让孩子骑在家长身上做骑马状，每次10分钟左右。

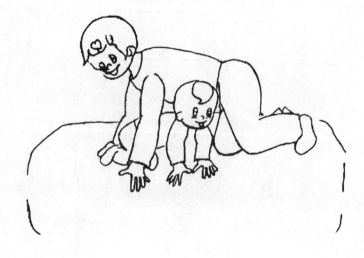

第二篇 家庭中宝宝的前庭觉训练

游戏名称：跷跷板。

训练目标：预防宝宝肢体不平衡、上下肢协调能力差的情况发生。

适合年龄：12个月至3岁。

操作方法：

> 1. 工具准备：一根直径15～20 cm、长约150 cm的木棒，毛巾被一条，软垫一个，木凳一个。
> 2. 工具摆放：将木棒的一端用毛巾被包好，把木凳垫在木棒下作支撑点，把软垫放在木棒包好的一端下面。
> 3. 操作过程：让孩子坐在木棒包好的一端，双手抱紧木棒，家长拿着另一端，以木凳为支撑点，像跷跷板一样，上下压动50～100次。
> 4. 游戏时间：10分钟。

注意事项：家长在压的过程中要注意孩子的安全，压的速度逐渐由慢到快。

延伸训练：家长也可将木棒压平，让孩子在空中做划船状，并逐渐把手松开或举起。

游戏 11

游戏名称：踢皮球。

训练目标：预防孩子肢体不灵活，促进其手眼脚的协调性发展。

适合年龄：12 个月至 3 岁。

操作方法：

1. 工具准备：大纸箱一个、皮球一个、小毛巾被一条。
2. 工具摆放：将毛巾被铺在纸箱上，皮球放在脚下方或吊在脚上方能踢到的位置。
3. 操作过程：让孩子仰躺在纸箱里用脚去踢皮球，脚下的皮球连续踢 10～20 次，然后把球挪到脚上方，让孩子抬高脚去踢上方的球，连续踢 10～20 次。
4. 游戏时间：5～10 分钟。

注意事项：注意纸箱中不要有钉头，要用毛巾被盖好纸箱以免刮伤孩子，并帮助孩子掌握用力程度。

延伸训练：也可将球悬挂在较高的地方让 3 岁的孩子跳起来反复击打皮球，每次 10 分钟。

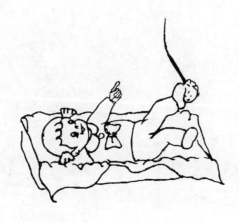

第二篇 家庭中宝宝的前庭觉训练

游戏名称：拉马车。

训练目标：训练孩子前庭平衡力，提高其空间判断能力，预防紧张焦虑的情况。

适合年龄：12个月至2岁。

操作方法：

1. 工具准备：纸箱一个或筐一个。
2. 工具摆放：将纸箱或筐用绳子拴上，放在平滑的地板上。
3. 操作过程：让孩子坐在纸箱或筐里，用手抓住绳子的一端，家长拉着绳子的另一端，四处走动，可以走直线，也可以转圈走。
4. 游戏时间：10分钟。

注意事项：家长在拉孩子时，要确保孩子已坐稳，以免拉翻。

延伸训练：也可把纸箱或筐改成浴盆，里面放半盆温水，让孩子系好颈圈泡在里面，手拿绳子的一端，家长拉另一端，来回走动，做10分钟。

游戏名称：爬楼梯。
训练目标：预防孩子肢体不灵活、易摔跤的情况发生,提高其平衡能力。
适合年龄：2～4 岁。
操作方法：

1. 工具准备：木制阶梯一段,有 3～5 个台阶。
2. 工具摆放：将阶梯平稳地放在地板上。
3. 操作过程：让孩子抓住家长的手臂,家长拉着孩子上下阶梯,直到孩子能一步跨上一个阶梯,家长开始松手,让孩子自己练习上下阶梯,再反复练习。
4. 游戏时间：10 分钟。

注意事项：家长在保护好孩子安全的情况下,要鼓励孩子独立完成。
延伸训练：可以让孩子到真正的楼梯上练习,直到能独立地上下楼梯,训练 10 分钟。

第二篇 家庭中宝宝的前庭觉训练

游戏 14

游戏名称：钻山洞。

训练目标：预防孩子肢体不灵活、手眼不协调、易撞墙等情况的发生。

适合年龄：2～4岁。

操作方法：

> 1. 工具准备：一个高 40 cm、宽 50 cm 的桌子或长凳（也可以用家长的身体作山洞）。
> 2. 工具摆放：将准备好的桌子或长凳摆在宽阔的地板中间。
> 3. 操作过程：让孩子从桌子或长凳下方钻爬过去。先用手爬，然后训练把手收在胸前，肘关节着地往前爬，以身体尽量不碰到桌子为宜，反复多次。
> 4. 游戏时间：10 分钟。

注意事项：家长要在旁边保护孩子的头不被撞到，并拍手鼓励孩子。

延伸训练：也可以让孩子蹲着从桌子下走过去或后退着来回钻，注意不要碰到孩子的头部，时间为 10 分钟。

游戏名称：打滑梯。
训练目标：预防孩子眼睛易酸，看书跳字、丢字或把数字看颠倒的情况发生。
适合年龄：2~4岁。
操作方法：

1. 工具准备：大纸箱一个、塑料布一块、棉布一块。
2. 工具摆放：找一个角度约 30°的斜坡，将塑料布铺在斜坡上，纸箱放在上面，棉布铺在纸箱里。
3. 操作过程：让孩子坐在纸箱里，从斜坡上滑下来，或让孩子坐在斜坡上直接滑下来，反复进行多次。
4. 游戏时间：10 分钟。

注意事项：家长要注意把纸箱内垫好，不要划伤孩子，另外，要注意孩子的重心，不要让其往后仰，以免碰伤头部。
延伸训练：也可让孩子头朝下趴在斜坡上，将头抬起往下滑，家长站在旁边保护并鼓励，做 10 分钟或做 30~50 次。

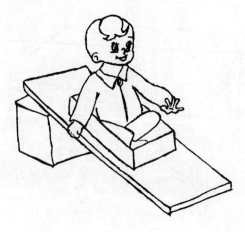

第二篇 家庭中宝宝的前庭觉训练

游戏名称：走S形线。
训练目标：训练孩子的空间概念和肢体的平衡能力。
适合年龄：2～4岁。
操作方法：

1. 工具准备：彩色或透明胶带一卷。
2. 工具摆放：用胶带在地上贴出一条S形的线段。
3. 操作过程：家长站在孩子前面拉着孩子的双手，引导孩子从线的一端走向另一端，待孩子走稳后，家长放手让孩子从线的一端走向另一端，反复多次。
4. 游戏时间：10分钟。

注意事项：家长可以站在孩子的后面鼓励孩子走，并注意孩子的安全。
延伸训练：可增加S形线的曲度，让孩子自己从线的一端走向另一端，也可以让孩子推着手推玩具沿着S形线来回走，10分钟左右为宜。

游戏名称：学鹤立。
训练目标：训练孩子的脚部力量及身体的平衡能力。
适合年龄：2～4 岁。
操作方法：

1. 工具准备：单靠背椅子一个。
2. 工具摆放：将椅子平稳地摆放在地板上。
3. 操作过程：让孩子手扶着椅子，一只脚站立，另一只脚抬起，脚尖朝下，约站 10 秒钟后，换另外一只脚，也站 10 秒钟左右，左右脚交替反复进行。
4. 游戏时间：10 分钟。

注意事项：开始时，家长可以扶着孩子练习，并注意孩子的姿势是否正确。
延伸训练：孩子可以不扶椅子，自己单脚站立，在确保站稳后，一只脚站立，另一只脚抬起或向前伸平，左右脚交替反复进行；同时，双臂配合，抬起并伸平，做 10 分钟。

游戏名称：走平衡木。

训练目标：促进孩子大肌肉的发育，增强其平衡能力。

适合年龄：3～4岁。

操作方法：

> 1. 工具准备：20 cm 宽、200 cm 长、10 cm 高的板凳一个。
> 2. 工具摆放：将板凳固定在平稳的地板上。
> 3. 操作过程：让孩子站在板凳上，手臂伸开、伸平，保持身体平衡后，从一端走向另一端，反复练习。
> 4. 游戏时间：10 分钟。

注意事项：开始时，家长应扶着孩子或拉着孩子的手走，待孩子能够站稳后再松手，要保护孩子的安全。

延伸训练：在确保孩子能够走得平稳的情况下，让孩子单手提着物品走，然后，再双手提着物品走，反复练习 10 分钟。

游戏名称：运乒乓球。
训练目标：训练手部控制能力和平衡能力。
适合年龄：2～3 岁。
操作方法：

1. 工具准备：汤勺、球拍各一个，纸盒两个。两种颜色的乒乓球各 10 个。

2. 工具摆放：将装有不同颜色球的两个纸盒，分别放在相距 3～4 m 的地板两侧。

3. 操作过程：让孩子从一个纸盒中取出一种颜色的乒乓球，放在汤勺中，运送到另一个纸盒中，再取出另一种颜色的乒乓球运回来。来回运送。

4. 游戏时间：10 分钟。

注意事项：家长要注意指导孩子动作的规范性和控制孩子的速度。
延伸训练：也可用乒乓球拍来回运球，在孩子确保球不掉下来时，加快速度，来回运送，练习 10 分钟为宜。

 游戏 20

游戏名称：跳圈圈。
训练目标：训练双脚的协调能力及身体的平衡能力。
适合年龄：3～4 岁。
操作方法：

1. 工具准备：呼啦圈一个，10 cm 小板凳两个。
2. 工具摆放：将呼啦圈固定在两个板凳之间。
3. 操作过程：先让孩子一只脚向前迈入呼啦圈，另一只脚随着迈入；然后，一只脚迈出呼啦圈，另一只脚随着迈出；左右脚交替着迈入和迈出呼啦圈，反复练习。
4. 游戏时间：10 分钟。

注意事项：开始时，家长可以帮助孩子完成动作，随着孩子熟练程度的增加，可以适当提高呼啦圈的高度。

延伸训练：可以让家长拿着呼啦圈以便随时提升高度，或让家长拿着呼啦圈站在孩子的身后，让孩子双脚左右交替向后迈入呼啦圈内，然后，再双脚左右交替迈出呼啦圈，反复练习 10 分钟。

游戏 21

游戏名称：蹦接球。

训练目标：预防孩子身体协调不良、手眼不协调、空间判断能力差的情况。

适合年龄：3～6 岁。

操作方法：

1. 工具准备：一个充气垫子、一个毛绒玩具或皮球。
2. 工具摆放：把充气垫子放在地板中央，确保四周没有障碍物。
3. 操作过程：让孩子站在充气垫子上，开始脚不离地上下晃动，待站平稳后，开始蹦跳，不要跳太高，家长在正对面，把毛绒玩具或皮球投给孩子，孩子接到后再回传给家长，边跳边传，重复 20～30 次。
4. 游戏时间：10 分钟。

注意事项：家长要让孩子注意安全。

延伸训练：还可以让孩子边跳边在地上拍皮球，然后边跳边转身，向左、向右，交替进行，每次 10 分钟左右。

游戏 22

游戏名称：玩转椅。
训练目标：训练前庭平衡，预防运动眩晕。
适合年龄：3～6岁。
操作方法：

1. 工具准备：转椅一个。
2. 工具摆放：将转椅放在没有障碍物的空地上。
3. 操作过程：让孩子坐在转椅上，双手把住扶手，家长开始推动转椅旋转起来，速度由慢转快，左转与右转交替进行，反复多次。
4. 游戏时间：5～10分钟。

注意事项：胆子较小的孩子和年龄小的孩子，可坐在家长身上，和家长一起转。

延伸训练：也可以在孩子转的过程中，投给孩子一些毛绒玩具让孩子接住，然后投到指定的位置，每次不超过10分钟。

游戏 23

游戏名称：滑滑板。
训练目标：预防四肢无力、大肌肉运作不好、前庭发育不良的情况发生。
适合年龄：3~6岁。
操作方法：

1. 工具准备：一块 30~40 cm 的木板，下方四个角安上滑轮做成一个小滑板。
2. 工具摆放：将滑板放在宽敞光滑的地板上。
3. 操作过程：先让孩子盘腿坐在滑板上，用手滑着向前走，然后让孩子趴在滑板上，头抬高、脚并拢、小腿抬起，双手在地上用力向前滑。
4. 游戏时间：5~10 分钟。

注意事项：家长注意孩子趴在滑板上的重心要稳，滑的过程中不要压到手。
延伸训练：也可以让孩子在趴着滑的过程中，脚部夹着沙袋或皮球，这样可提高孩子的专注力，每次训练 5~10 分钟。

第二篇 家庭中宝宝的前庭觉训练

游戏名称：灌篮高手。

训练目标：预防手眼不协调、身体经常撞碰别人的情况发生。

适合年龄：3～6岁。

操作方法：

1. 工具准备：几个圆桶、几个沙袋、几个皮球。

2. 工具摆放：将圆桶摆在距孩子站的位置1.5～3m处。

3. 操作过程：让孩子将沙袋先后投进圆桶内，反复练习，直到投进去为止。然后让孩子将皮球分别投进圆桶内，反复练习，直到投进为止。

4. 游戏时间：10分钟。

注意事项：家长要视孩子的年龄和动作的熟练程度，随时调整桶和孩子间的距离，同时要对孩子予以鼓励。

延伸训练：也可以在高处挂一个篮筐，让孩子往高处投球，直到能将球准确地投进去。时间视孩子的兴趣而定，一般为10分钟左右。

游戏名称：趴地推球。
训练目标：训练手臂的力量，以及手眼的协调，强化前庭觉。
适合年龄：3～6岁。
操作方法：

1. 工具准备：坐垫一个，与排球一般大的皮球一个。
2. 工具摆放：把坐垫放在距墙约0.5 m远的位置。
3. 操作过程：让孩子趴在坐垫上，只有肚子着地，头、上肢、小腿及脚都抬起来，手心向外，两手五指相对，然后把球推向墙壁，待弹回后，再连续推50～100次，速度由慢到快，距离由近及远，并随熟练程度进行调整。
4. 游戏时间：10分钟左右。

注意事项：家长注意孩子的头和上肢一定要抬起来，肘关节千万不要着地。
延伸训练：也可在孩子推球时，用脚部夹一个沙袋或皮球，以增强注意力，推球数量可连续推500～1000个，或推10分钟。

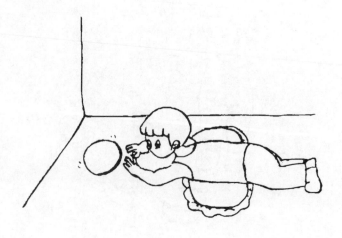

第二篇 家庭中宝宝的前庭觉训练

游戏名称：袋鼠跳、跳、跳。
训练目标：强化前庭刺激，强化身体重心。
适合年龄：3～6岁。
操作方法：

1. 工具准备：一个长50 cm、宽35 cm的布袋，一块宽2m、长3m的地毯。
2. 工具摆放：把地毯平铺在地板上，确保周围没有障碍物。
3. 操作过程：让孩子站在袋子中，双手提起袋子边，双脚同时向前跳，确保平稳的情况下，跳Z形线，曲折前进。
4. 游戏时间：10分钟。

注意事项：家长注意让孩子在袋中站稳再跳，开始起步不要太大，速度不要太快。
延伸训练：待孩子熟练后，可以增大跳的难度，如设置跳的距离，每次跳0.5 m等；或设置一些障碍物，让孩子绕过障碍物再跳，每次10分钟。

游戏名称：跳皮筋。

训练目标：预防身体笨拙、易跌倒等情况的发生，加强平衡能力。

适合年龄：3～6岁。

操作方法：

1. 工具准备：一根长2～4 m的橡皮筋，一把椅子。
2. 工具摆放：把椅子放在平稳的地板上，把皮筋的一端固定在椅子上，另一端由家长抻着。
3. 操作过程：家长先给孩子示范如何把腿跨过皮筋，然后让孩子双脚轮流跨过皮筋，并按照一定节奏反复训练。
4. 游戏时间：10分钟。

注意事项：开始时，家长不要把皮筋放得太高，高10 cm为宜，并给孩子示范如何做，同时提醒孩子注意安全。

延伸训练：随着孩子熟练程度的提高，家长可提高皮筋的高度，让孩子伸脚去够皮筋，或配合各种儿歌跳皮筋，跳10分钟。

第二篇 家庭中宝宝的前庭觉训练

游戏名称：独角凳。
训练目标：训练孩子身体的控制能力，练习伸展和保持平衡。
适合年龄：3~6岁。
操作方法：

> 1. 工具准备：一块边长为30 cm的方木板，一根长10 cm的粗木棒，并把木棒钉在木板下方的正中央做成独角凳。
> 2. 工具摆放：将独角凳放在平稳的地板上。
> 3. 操作过程：让孩子坐在独角凳上，双手放在腿上，腰要挺直，身体保持平衡，让孩子数数或唱儿歌，坚持坐着。
> 4. 游戏时间：5分钟左右。

注意事项：开始时，家长可以帮助孩子保持平衡，待孩子坐稳后，鼓励孩子坚持，多数数。
延伸训练：家长可以坐在孩子对面与孩子玩传球游戏，也可以让孩子把右手举起来，右脚向上踢到手心，然后换左手左脚，反复练习10分钟。

游戏名称：学芭蕾。

训练目标：训练脚部运动重心及平衡能力。

适合年龄：3~6岁。

操作方法：

1. 工具准备：单靠背椅子一个。
2. 工具摆放：将椅子平衡地放在地板上。
3. 操作过程：让孩子手扶椅背，然后用脚尖站立，坚持3秒钟落下，然后站立，反复练习，直到适应为止。
4. 游戏时间：5分钟。

注意事项：开始时家长要扶着孩子，并教孩子站立的要领，以免弄伤脚趾，同时，要鼓励孩子坚持。

延伸训练：当孩子能够扶着椅子站稳后，可以让孩子松开手练习站立，并延长站的时间，然后开始练习用脚尖行走，练习10分钟。

第二篇 家庭中宝宝的前庭觉训练

游戏名称：前滚翻。

训练目标：训练身体的协调和平衡能力。

适合能力：4~6岁。

操作方法：

1. 工具准备：1m×2m的软垫一个。
2. 工具摆放：将软垫放在地板上，确保周围无障碍物。
3. 操作过程：让孩子模仿家长做前滚翻，学会以后，先做1~2次，然后连续做5次，反复练习。
4. 游戏时间：10分钟。

注意事项：家长要先给孩子做示范，指导孩子动作要领，要注意使孩子保持身体成直线，注意安全并给予鼓励。

延伸训练：可以在前滚翻熟练的基础上做后滚翻，并前后混合练习，也可以前后交替练习，练习10分钟。

本体觉小常识

什么是本体觉

本体觉是全身肌肉关节的感觉输入，是人体肌肉、关节运动神经组织、身体神经组织和大脑长期互动练习过程中，协调出的自动身体的能力，又称为身体地图或身体形象，医学上又称为人体深度觉。

本体觉能告诉我们关于位置、力量、方向和身体各部位的动作，有助于统合触觉与前庭觉的一种感觉信息。本体觉的接收器分布在我们的肌肉、关节、韧带、肌腱和结缔组织中。

本体觉是一种高度复杂化的神经应变能力，也是大脑可充分掌握自己身体的能力。本体觉的发展最慢，除非前庭平衡及触觉发展正常，本体感才可能正常。从简单的吃饭、穿脱衣服、写字、骑车到高难度的体操及体能动作都需要本体觉。

下图为肌肉、关节中的感觉神经纤维。

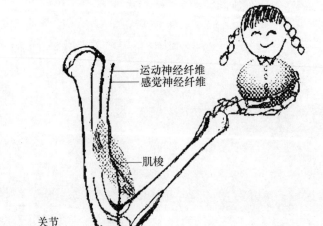

本体觉有哪些功能

本体觉对感觉统合最大的作用是维持肌肉正常的收缩，使关节能够自由活动，因为动作是促进感觉统合发展最主要的途径，所以，本体觉可以帮助宝宝自由行动。

同时，本体觉也影响神经系统的兴奋状态，增加本体觉的输入，有助于宝宝情绪的正常化。

本体觉失调有哪些表现

本体觉统合失调的孩子有以下表现。

（1）方向感很差，空间知觉能力不足，容易迷路。

（2）通常处理不好自身和地心引力之间的关系，害怕旋转、跳动游戏，闭上眼睛容易摔倒。

（3）不能很好地协调身体的动作，动作笨拙，因而常会无缘无故摔倒。

（4）速度控制较差，跑起来难以按指示停止。

（5）过分怕黑，站无站姿、坐无坐相。

（6）做事条理性不强，语言容易出现障碍。

（7）不能合适地控制力量，常会因太用力而损坏玩具或因力度太小而抓不住东西，比如在写字时，总是过度用力或用力过轻。

本体觉失调的原因有哪些

本体觉失调的主要原因如下。

（1）家长对孩子的保护过度，造成孩子操作能力欠缺。

（2）都市化生活造成活动空间狭小，孩子爬行不足、缺少运动或集体活动。

（3）幼儿园教育忽视室外运动。由于担心安全问题，一些幼儿园的室外活动减少，剥夺了孩子本体觉学习的机会。

（4）家庭教育的误区。父母对宝宝寄予很高的希望，过度关注宝宝的认知发展，却忽视了宝宝应有的户外运动。

（5）电视、电脑、手机等各种媒体过多地进入孩子的生活，替代了孩子的操作性和运动性活动，家中又缺乏适合孩子的活动项目，从而使孩子在成长过程中容易出现本体觉差的现象。

本体觉失调对孩子成长的影响

本体觉的发展是以前庭和触觉发展为基础和前提的，前庭平衡失调、触觉失调的个体，其本体感也会失调。

本体觉可以帮助宝宝自主行动，如果本体觉失调，孩子身体的动作就会迟缓笨拙。

另外，本体觉会影响个体视知觉及身体空间概念的发展，进而影响个体绘画活动的能力及学习能力，从而出现学习问题。

家庭中的本体觉训练游戏

游戏名称：被动操。

训练目标：促进宝宝的大动作发展。

适合年龄：0～6个月。

操作方法：

  1. 工具准备：无。

  2. 工具摆放：无。

  3. 操作过程：

第三篇 家庭中宝宝的本体觉训练

准备活动：妈妈握住孩子的两手腕，亲切数节拍4拍，从手腕向上4次按摩至肩部。然后从足踝向上4次按摩至大腿部；自胸部开始，按摩由里向外，由上向下按摩至腹部2轮，目的是让孩子身体放松，避免运动损伤。

孩子仰卧位，两臂放身体两侧，妈妈将双手拇指放在孩子掌心，其他四指轻握孩子的双腕，开始以下运动。

上肢运动：将两臂左右分开侧平举，掌心向前；两臂前伸，掌心相对；两臂上举，掌心向前；还原预备姿势。

扩胸运动：将两臂左右分开；两臂胸前交叉；两臂左右分开；还原。

下肢运动：妈妈两手轻握孩子的脚踝部，将双脚抬起与床面呈45°，左腿屈至腹部（右腿同）；再将双脚抬起与床面呈45°；还原。

举腿运动：妈妈两手轻握孩子的脚踝部，左腿上举与躯干成直角；还原（右腿同）。

放松运动：拍捏孩子的四肢及全身。

4. 游戏时间：每天做一遍全套操即可。

注意事项：把握好做操的力度，不能强行，以免伤及骨头。

延伸训练：可随月龄的增加，适当做主被动操，如翻身运动、俯卧抬腿、拉手起坐、弯腰拾物、扶走运动、跳起运动等。

游戏名称：升降机。

训练目标：可以给宝宝空间刺激，发展本体觉。

适合年龄：8个月至2岁。

操作方法：

1. 工具准备：无。

2. 工具摆放：无。

3. 操作过程：妈妈仰卧，腿弯曲，让宝宝趴在弯曲的小腿上，妈妈的小腿上下、左右移动，将腿部抬得高一点，可作为进阶动作。

4. 游戏时间：5～10分钟。

注意事项：注意安全。

延伸训练：妈妈可以加快腿部移动的速度来训练宝宝。

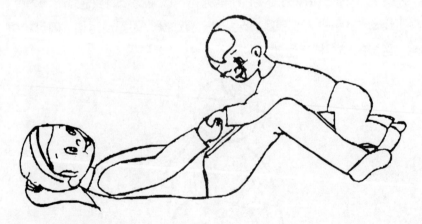

第三篇 家庭中宝宝的本体觉训练

游戏名称：坐一坐。
训练目标：促进宝宝的前庭和本体功能的发展。
适合年龄：4～8个月。
操作方法：

> 1. 工具准备：棉被、垫子、枕头等。
> 2. 工具摆放：用上述工具围在宝宝的屁股和腰部，放在宝宝正后方。
> 3. 操作过程：让孩子靠着上述摆好的工具坐一会儿，渐渐撤掉一些支撑物，宝宝的手掌会自然地向前伸在地上以保持平衡，看上去就像一只小青蛙一样蹲坐在那里，这时，家长可以慢慢离得远一点，让宝宝独自坐几分钟。
> 4. 游戏时间：3～5分钟。

注意事项：家长应顺应宝宝的发育进程，不要强迫宝宝，宝宝累了就可以停止。
延伸训练：让宝宝一会儿坐，一会儿趴，或者翻几个身，以促进身体的灵活性。

游戏名称：摸一摸。

训练目标：训练孩子的反应能力和本体感。

适合年龄：8个月至3岁。

操作方法：

1. 工具准备：无。
2. 工具摆放：无。
3. 操作过程：家长坐在孩子对面，训练孩子摸五官，家长喊口令，比如，家长喊眉毛，孩子就摸眉毛，家长喊哪儿孩子摸哪儿，让孩子摸得准确到位。
4. 游戏时间：10分钟。

注意事项：家长可以先给孩子示范或和孩子一起做。

延伸训练：也可以让孩子用另一只手摸五官，就是说如果孩子是右利手，就用左手摸五官或左右手交替着来摸五官，训练10分钟。

游戏名称：练表情。
训练目标：加强面部本体感觉。
适合年龄：1~3 岁。
操作方法：

1. 工具准备：镜子一面。
2. 工具摆放：将镜子放在孩子正前方。
3. 操作过程：让孩子对着镜子，看着自己，家长给孩子喊口令表达，比如，笑、生气等，让孩子去做，让其能掌控自己的表情。
4. 游戏时间：10 分钟。

注意事项：家长可以先给孩子作示范。
延伸训练：也可以让孩子和家长比赛，由另一个人喊口令，孩子和家长一起做表情，看谁做得快或表情到位等，做 10 分钟。

游戏名称：找妈妈。

训练目标：训练孩子的反应能力和本体感。

适合年龄：1~4岁。

操作方法：

1. 工具准备：无。
2. 工具摆放：无。
3. 操作过程：爸爸站在前面挡住妈妈，孩子站在爸爸的对面，然后开始去抓妈妈，爸爸要极力挡住妈妈，孩子要想办法直到能够抓到妈妈为止，反复进行。
4. 游戏时间：视具体情况而定。

注意事项：家长要事先和孩子讲好游戏规则，也要防止孩子摔倒。

延伸训练：也可让孩子和妈妈互换位置，让孩子从主动去抓变为被动的躲，然后说出两种不同的感觉，视具体情况定时间。

游戏名称：坐球游戏。

训练目标：强化前庭及脊髓中枢神经健全发展，改善大肌肉发育不良、肢体不灵活的问题，促进身体协调。

适合年龄：2～4岁。

操作方法：

1. 工具准备：球。
2. 工具摆放：将球放在地板上。
3. 操作过程：孩子可以轻轻坐在球上，上半身保持垂直放松的姿势，闭上眼睛，慢慢调整呼吸，直到完全放松，每次10～30分钟不等。也可在坐在球上时，轻轻晃动手脚进行律动舞蹈。
4. 游戏时间：10～30分钟。

注意事项：孩子坐在球上时，家长要在旁边轻扶球，注意要保护好孩子，不要让孩子从球上滚落，以免受伤。

延伸训练：以球代替椅子，让孩子坐在球上看电视、吃饭、做功课，可使其脊髓神经的发展更为健全。

游戏名称：螃蟹先生。
训练目标：强化前庭觉和中枢脊髓神经的协调性，促进大小肌肉灵活。
适合年龄：2～4岁。
操作方法：

1. 工具准备：无。
2. 工具摆放：无。
3. 操作过程：孩子举起双手与耳朵齐高，双腿略弯曲，往左和往右连续横行，如螃蟹走路状。或者双手轻轻放下，侧着头，踏脚向前、向左、向右走。也可双手平举向前，或伸开摆放在两侧，踏脚向前、向左、向右走。
4. 游戏时间：5～10分钟。

注意事项：路面要平，不能有杂物。
延伸训练：孩子双手高举小皮球，或双手各夹一个小皮球，向前、向左、向右踏脚横走。

第三篇 家庭中宝宝的本体觉训练

游戏名称：抓东西。
游戏目标：训练手眼协调能力和本体感。
适合年龄：2~4 岁。
操作方法：

1. 工具准备：毛绒玩具一个，线绳一根。
2. 工具摆放：用绳拴住玩具，吊在半空中。
3. 操作过程：家长和孩子分别站在吊在空中的玩具的两边，家长推一下玩具，玩具就悠向孩子，孩子要顺势抓住玩具然后放开。
4. 游戏时间：10 分钟。

注意事项：要把玩具吊到孩子能够得到的高度。
延伸训练：也可以同时吊 2~3 个玩具且高度不同，然后家长可一起推向孩子，让孩子去抓，高的需要跳起来去抓，训练 10 分钟。

游戏名称：拉火车。
训练目标：训练身体的操作能力和本体感。
适合年龄：2~4岁。
操作方法：

1. 工具准备：大小不同的空纸盒4~6个。
2. 工具摆放：将纸盒用绳串成小火车状，放在地板上。
3. 操作过程：让孩子牵着绳子的一端，拉着一串纸盒在地板上来回移动，并让孩子注意每个纸盒移动时的状态。
4. 游戏时间：10分钟。

注意事项：要放在平坦的地板上，并帮助孩子掌控拉动时的速度。
延伸训练：也可以在地板上设一些障碍，让孩子拉着纸盒小火车在障碍中来回穿越，直到顺利地穿越障碍，反复练习10分钟。

第三篇 家庭中宝宝的本体觉训练

游戏名称：捉手指。
游戏目标：训练身体反应控制力，促进本体感的发展。
适合年龄：2~4岁。
操作方法：

1. 工具准备：一个稍大些的纸箱。
2. 工具摆放：把纸箱相对的两侧挖洞并放在地板上。
3. 操作过程：家长和孩子分别坐在纸箱的两侧，把手伸进箱内，家长喊口令伸哪根手指，然后一起伸出相互碰触，再换另一个，反复训练。
4. 游戏时间：10分钟。

注意事项：纸箱大小要以家长和孩子把手伸进去刚好能碰到为宜，洞挖得要圆润以免伤着手。
延伸训练：也可以在箱内递玩具，让孩子摸到玩具后判断其形状和名称，然后描述出来，训练10分钟。

游戏 12

游戏名称：捉迷藏。

训练目标：避免孩子肢体操控不良，空间判断能力差。

适合年龄：2～4岁。

操作方法：

1. 工具准备：一条围巾或毛巾。
2. 工具摆放：将活动场地中可撞到的物品移开。
3. 操作过程：家长可先给孩子做个示范。用毛巾把眼睛遮住，开始去捉周围的人，示范结束。然后，把孩子眼睛用围巾遮住，家长在其周围拍手让孩子循着声音去捉家长，家长不要离孩子太远，但要做适当的躲避，尽量不让孩子捉到。
4. 游戏时间：每次10分钟。

注意事项：家长要注意保护孩子安全，避免跌倒或被撞到并适当鼓励。

延伸训练：也可用大布口袋把孩子的整个头部罩住让孩子唱歌、跳舞或表演节目。

第三篇　家庭中宝宝的本体觉训练

游戏 13

游戏名称：学倒水。
训练目标：训练手的精细动作和本体感。
适合年龄：3~5岁。
操作方法：

> 1. 工具准备：水杯两个，瓶子一个。
> 2. 工具摆放：把水杯和瓶子放在平稳的桌子上。
> 3. 操作过程：把一个杯子装上半杯水，让孩子两手拿起有水的杯子并把水倒向另一个空杯中，然后放下，再拿起有水的杯子，向空杯中倒水，反复训练。
> 4. 游戏时间：10分钟。

注意事项：注意最好选塑料杯，以防打碎，另外训练孩子不要把水洒到外边。
延伸训练：也可让孩子左右手各拿一个杯子来回倒或一手拿杯，一手拿瓶，训练往瓶子里倒水，以不把水洒到外边为宜。反复训练10分钟。

游戏 14

游戏名称：走数字。
训练目标：训练身体的操作能力和本体感。
适合年龄：3～5岁。
操作方法：

1. 工具准备：报纸15～10张。
2. 工具摆放：在报纸上写上数字1～10，然后摆在地板上。
3. 操作过程：家长先让孩子按顺序在数字上走，从1走到10，然后走回来，再跳着走1、3、5、7、9或2、4、6、8、10等，反复练习。
4. 游戏时间：10分钟。

注意事项：家长要先给孩子示范怎样走，然后在旁边不断鼓励孩子。
延伸训练：家长也可给孩子出简单的数字题。例如，2+3=5，让孩子走2、3、5，3+5=8孩子就走3、5、8，等等，以此类推。反复训练10分钟。

游戏名称：丢沙包。
训练目标：强化身体的协调能力及本体感。
适合年龄：3～5 岁。
操作方法：

1. 工具准备：旧报纸 5～10 张，沙包 3～5 个。
2. 工具摆放：把旧报纸揉成大小不一的纸团。
3. 操作过程：让孩子先把较小的纸团往远处丢，然后换上稍大的纸团再丢，再换成沙包丢，反复练习。
4. 游戏时间：10 分钟。

注意事项：家长可先给孩子示范，然后给予鼓励。
延伸训练：也可在孩子脚下画条线，然后在距孩子一米左右处放一个桶，让孩子把沙包丢进去，再逐渐拉大距离，让孩子感受远近距离的区别，并描述出来，练习 10 分钟。

游戏名称：青蛙跳。
训练目标：训练脚部运动能力，身体的重心及平衡能力。
适合年龄：3~5岁。
操作方法：

1. 工具准备：彩色胶带或透明胶卷。
2. 工具摆放：用胶带在地板上贴出两条相距10~20 cm的平行线。
3. 操作过程：让孩子从一条线跳到另一条线，然后跳回来，反复多次，线段之间的距离随熟练程度而增加。
4. 游戏时间：10分钟。

注意事项：家长首先要给孩子示范怎样跳，教给孩子基本要领，帮助孩子调整线段之间的距离，并注意孩子的安全。
延伸训练：孩子可以蹲着起跳，并双手举过头顶，跳时确保后脚跟不要踩到另一条线，反复练习，直到达标，练习10分钟。

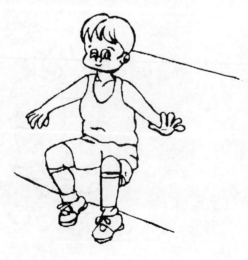

第三篇 家庭中宝宝的本体觉训练

游戏名称：蹦羊角球。

训练目标：预防孩子肢体不灵活、易摔跤，同时提高平衡能力。

适合年龄：3～5岁。

操作方法：

1. 工具准备：羊角球一个。
2. 工具摆放：将羊角球放在没有障碍物的宽阔地板上。
3. 操作过程：让孩子骑在羊角球上，上下晃动，待能坐稳后，向前蹦，可以蹦直线，也可以围着家长转圈蹦。
4. 游戏时间：5～10分钟。

注意事项：家长要让孩子坐好，双手抓住球的双角，蹦时身体稍稍向前倾斜，以免摔到后脑勺。

延伸训练：也可在地板上贴上S形线，让孩子沿着S形线蹦，或在地板上放障碍物，让孩子蹦过障碍物，这样可以提高蹦的高度，每次练习10分钟。

游戏名称：当画笔。

训练目标：训练身体的运动企划能力和本体感。

适合年龄：3~6岁。

操作方法：

> 1. 工具准备：大画布一块，彩色涂料一盒。
> 2. 工具摆放：将画布平铺在地板上。
> 3. 操作过程：让孩子的手和脚，蘸上涂料在画布上任意涂抹、抓、踩等，或画上自己喜欢的图案。
> 4. 游戏时间：10分钟。

注意事项：选择安全的涂料，要让孩子尽情地发挥和任意去画，不要加以限制。

延伸训练：家长也可以给孩子设定某种主题，让孩子自己想象和创意，然后画出来，时间视具体情况而定。

第三篇 家庭中宝宝的本体觉训练

游戏名称：拳击手。
训练目标：强化手臂力量和手眼协调能力。
适合年龄：3～6岁。
操作方法：

> 1．工具准备：枕头大小的沙袋一个。
> 2．工具摆放：把沙袋吊在半空中。
> 3．操作过程：让孩子站在沙袋前，用拳头击打沙袋，或用身体去撞沙袋，然后说出感觉，反复练习。
> 4．游戏时间：10分钟。

注意事项：要把沙袋吊在孩子身体能撞到的高度，家长要给孩子示范，同时要帮孩子掌握用力程度。

延伸训练：也可以让沙袋摆动起来，再让孩子去击中沙袋，让孩子学着掌握沙袋的移动方向和出手的角度，训练10分钟。

游戏名称：石头剪子布。

训练目标：训练手部灵活度、大脑应变能力及本体感。

适合年龄：4~6岁。

操作方法：

1. 工具准备：无。
2. 工具摆放：无。
3. 操作过程：家长与孩子面对面坐下来，一齐喊石头、剪子、布，然后同时伸出手做出与口号相应的手势，反复训练。
4. 游戏时间：10分钟。

注意事项：家长可以先给孩子示范一下怎样做。

延伸训练：也可以换另一只手来出手势；或左右手交替出手势；或者家长做各种手势让孩子来模仿，练习10分钟。

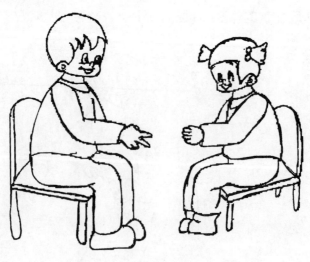

第三篇　家庭中宝宝的本体觉训练

游戏名称：拍皮球。

训练目标：训练手眼协调性和本体感。

适合年龄：3～6岁。

操作方法：

1. 工具准备：大皮球一个。

2. 工具摆放：将大皮球放在一块空地上备用。

3. 操作过程：让孩子在地上有节奏地拍皮球，速度要不快不慢，然后从快拍到慢拍，反复训练。

4. 游戏时间：10分钟。

注意事项：家长要注意帮助孩子掌握好节奏和动作的幅度。

延伸训练：也可以让孩子换另一只手来拍或左右手交替着拍球；还可以做转身等花样动作或放音乐随着音乐节奏来拍球，练习10分钟。

游戏名称：接传球。

训练目标：训练手眼反应能力及本体感。

适合年龄：3～6岁。

操作方法：

1. 工具准备：排球一个。
2. 工具摆放：找一块平坦的空场地。
3. 操作过程：家长和孩子相对而站，中间距离1～2 m，家长先把球传给孩子，孩子接到后，再传回来，反复练习。
4. 游戏时间：10分钟。

注意事项：家长要注意和孩子传球时的用力程度并注意孩子的安全。

延伸训练：也可让孩子站在一个矮板凳上，家长把球投在孩子所站板凳的前下方，待球弹起后，孩子接起球，然后传给家长，反复训练10分钟。

游戏 23

游戏名称：踩椅子。

训练目标：克服胆子小，预防身体不灵活、易跌倒等。

适合年龄：3～6 岁。

操作方法：

1. 工具准备：单背小椅子 3～4 个。
2. 工具摆放：将小椅子同方向排队，或背靠背依次摆在平稳的地面上。
3. 操作过程：先让孩子在同方向排队的椅子上走过去，然后走回来；可用手扶椅背，反复练，待走稳后，再到背靠背的椅子上转圈走过。需反复练习。
4. 游戏时间：10 分钟。

注意事项：开始家长可扶着孩子走，走稳后，让孩子自己练习走并注意安全。

延伸训练：可让孩子在并排放置的椅子上，来回迈过，或把椅子不规则摆放，然后让孩子练习从每个椅子上走过，共走 10 分钟。

游戏名称：看不见。

训练目标：改善孩子身体控制能力及平衡能力。

适合年龄：3~6岁。

操作方法：

> 1. 工具准备：大而轻的玩具一个。
> 2. 工具摆放：将玩具放在周围无障碍物的地板上。
> 3. 操作过程：让孩子双手抱着大玩具（玩具要把前面的视线挡住），向前走2~3 m，然后向后转，再走回来，反复练习。
> 4. 游戏时间：10分钟。

注意事项：家长要帮孩子选择一件能拿得动的玩具，然后站在孩子身边，保护孩子不被绊倒。

延伸训练：也可将玩具的重量加大，然后举过头顶，倒退着走2~3 m或更远，练习10分钟。

第三篇　家庭中宝宝的本体觉训练

游戏名称：爬梯子。

训练目标：训练孩子的手脚协调能力，提高身体平衡能力。

适合年龄：3～6岁。

操作方法：

1. 工具准备：梯子一个。
2. 工具摆放：把梯子固定在靠墙的位置。
3. 操作过程：让孩子手脚并用一步一步地往梯子上爬，然后退着走下来，反复练习。
4. 游戏时间：10分钟。

注意事项：家长要确保把梯子放稳，注意孩子的安全，必要时要扶着孩子上，直到孩子能独立完成为止。

延伸训练：可以把梯子横过来，两端固定在比孩子高出一个手臂长的位置上。然后，让孩子在下面抓着梯子，逐步向前移动，脚要离开地面，身体的重量最好都集中在手臂上，共练习10分钟。

游戏名称：打保龄球。

训练目标：训练手眼协调能力及本体感。

适合年龄：3~6 岁。

操作方法：

1. 工具准备：空饮料瓶 6~8 个，皮球一个。
2. 工具摆放：把空饮料瓶在平坦的地板上摆成一排。
3. 操作过程：让孩子拿着皮球，站在距离瓶子 2 m 远的地方，把球贴着地面投向瓶子，将瓶子打倒，以打倒的瓶子数量多为好，反复训练。
4. 游戏时间：10 分钟。

注意事项：家长要先给孩子作示范，帮孩子掌握用力程度。

延伸训练：也可把瓶子装满水，增加重量，然后换一个较重的球去打倒瓶子，并让孩子说出与击打空瓶子的不同感觉，训练 10 分钟。

第三篇 家庭中宝宝的本体觉训练

游戏名称：踢口袋。
训练目标：训练身体协调性，增强本体感。
适合年龄：3~6岁。
操作方法：

1. 工具准备：布口袋一个，线绳一条。
2. 工具摆放：找一块平坦的地面。
3. 操作过程：先用绳子的一端拴上布口袋，让孩子手拿着绳的另一端，用脚的里侧去踢垂下的口袋，一个接一个地踢，然后换另一只脚去踢，再双脚交替着去踢，反复练习。
4. 游戏时间：10分钟。

注意事项：口袋里面最好装上半口袋细沙，但不要太重，绳子也要略粗些。
延伸训练：也可把拴口袋的绳子去掉，让孩子练习踢口袋，然后变换花样踢或把口袋换成羽毛毽子，练习10分钟。

游戏名称：抢座位。
训练目标：训练反应能力和本体感。
适合年龄：3~6岁。
操作方法：

1. 工具准备：单背椅子1~2把。
2. 工具摆放：将椅子背靠背摆在平稳的地板上。
3. 操作过程：家长和孩子先站在离椅子2 m远的地方，然后由家长喊"开始"，家长和孩子一同跑向椅子抢位置坐下，看谁先抢到。
4. 游戏时间：视具体情况而定。

注意事项：要注意孩子的安全，避免摔倒。
延伸训练：一家三口，背对椅子站成圆形，然后开始围着椅子转圈，同时数数，当数到一个数时，有人喊"停"，大家开始抢椅子坐，会有一个人抢不到椅子，时间视具体情况而定。

第三篇 家庭中宝宝的本体觉训练

游戏名称：呼啦圈。

训练目标：训练身体灵活度及协调性，强化本体感。

适合年龄：4～6岁。

操作方法：

1. 工具准备：呼啦圈一个。
2. 工具摆放：找一片没有障碍物的场地。
3. 操作过程：让孩子把呼啦圈套在腰部，先用手扶着呼啦圈，松手开始晃动，直到能够晃起来为止，反复练习。
4. 游戏时间：10分钟。

注意事项：应准备较轻的呼啦圈，家长要给孩子示范，动作要规范，以免伤到腰部。

延伸训练：也可在孩子学习晃呼啦圈并且熟练之后，增加圈的重量和数量，或几个同时晃动，反复练习10分钟。

游戏名称：跳绳游戏。
训练目标：训练身体运动企划能力及本体感。
适合年龄：4～6岁。
操作方法：

> 1. 工具准备：细绳一条。
> 2. 工具摆放：一片宽敞无障碍的场地。
> 3. 操作过程：让孩子双手拿绳，开始由后往前摇，然后开始起跳，待熟练后开始连跳，反复练习。
> 4. 游戏时间：10分钟。

注意事项：要选择轻的、较软的绳，以免伤到孩子，另外，家长要先给孩子作示范，或教孩子分解动作去跳，不要急于求成。
延伸训练：两个家长也可以分别抻着绳的两端，然后开始摇绳，让孩子迎着绳的方向从绳的中央跳过去，可以从左、右两侧或反面跳，练习10分钟。

第四篇
家庭中宝宝的触觉训练

触觉小常识

什么是触觉

触觉是指分布于全身皮肤上的神经细胞接受来自外界的温度、湿度、疼痛、压力及震动的感觉。对于宝宝来讲，触觉是宝宝身体碰触的感觉刺激，这个刺激包括外界给予的和自己发觉的，每个宝宝对于各种感觉刺激的反应程度不同，对危险的信息（如手触火炉、触电、刀割）产生回避（或称为反抗性反应），称为触觉防御性保护反应；闭上眼睛能说出触及物体的大小、形状、质地，这是大脑对触觉信息存在记忆和辨认的结果，叫作触觉识别。如果大脑对触觉信息刺激不加过滤，不分主次，一律忙于反应，而且反应过强，这便是触觉防御过度。

皮肤的结构如下图所示。

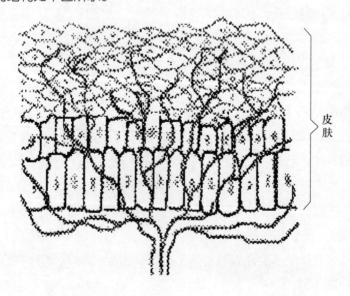

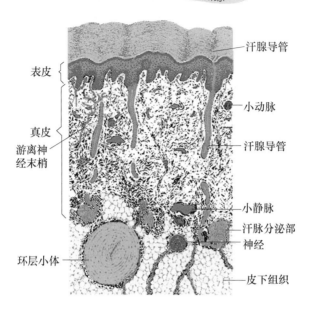

触觉有哪些功能

触觉是人体发展最早、最基本的感觉,也是人体分布最广、最复杂的感觉系统。在宝宝的成长中,触觉是新生宝宝认识世界的主要方式,通过多元的触觉探索,促进了宝宝的动作及认知发展。

触觉的发展可以增强宝宝的区分和辨别能力,促进宝宝对物体形状、大小、长短、重量的认识,是日后认知发展重要的基础。戴维斯在他的《语言交际手段》一书中说:"初生婴儿靠触觉知道自己身体在外部世界的位置。他们如果想挪动一下自己的身体,那么,首先就靠触觉为自己指明方向。通过触觉,知道什么地方硬,什么地方软;什么地方冷,什么地方热;什么地方粗糙,什么地方光滑。随后,婴儿就很快地学会视觉和触觉联合行动。例如,他们见到石头,就会知道墙是很坚硬的。婴幼儿接受教育后,又进了一步,懂得了'坚硬'这个词的含义。如果婴幼儿一开始就不能通过触觉来了解客观事物,那么,他对'坚硬'一词的含义就会含糊不清。正因为如此,孤儿院的孩子在接受抽象要领时就有困难,因为他们得不到父母的爱抚,很少有机会与成年人接触。婴幼儿感情的表达也是通过触觉学会的。"

触觉给宝宝一种安全感，使他觉得受到了保护，并同时给了他最早的、愉快的感觉。为此，当人们通过触觉与外部的联系受到损害后，就很难适应客观环境，甚至还会影响其他感官接受外界信息。

触觉使宝宝认识到主客观的存在。有了触觉，宝宝才感到除了自己，还存在着客观事物，才有了对外部世界的认识，即触觉使宝宝意识到主客观两极的存在。正是触觉使宝宝脱离了自我封闭的状态。在使宝宝与外部世界接触方面，触觉比其他任何感官发挥的作用都大。同时，触觉也使宝宝具有物主感，因为只有通过触摸，宝宝才感到自己实实在在地拥有自己的东西。

孩子触觉发育的年龄特点

0~2个月，宝宝的触觉发展主要以反射动作为主，这些反应都是为了觅食或自我保护。

3~5个月，宝宝可以将反射动作加以整合，利用嘴巴与手去探索，并感受到各种触觉的不同，开始懂得做简单的辨别。

6~9个月，宝宝的触觉发展已经遍及全身，会用身体各个部位去感受刺激、探索环境。

10个月以后，宝宝的触觉定位越来越清晰，开始分辨出所接触的不同材质的物品。

触觉统合失调的表现有哪些

触觉统合失调又可以细分为触觉敏感型和触觉迟钝型。

触觉敏感型的宝宝胆小怕事，黏人，不合群，消极退缩，讨厌别人触摸，好惹别人，偏食或暴饮暴食，脾气暴躁，吃手，咬指甲等。

触觉迟钝型的宝宝会表现出大脑的分辨能力弱、笨手笨脚的，做事情总是比别人慢，动作不灵活、缺少自我意识、学习积极性低下，所以也表现出学习困难、人情冷漠的问题。

孩子触觉统合失调的原因有哪些

（1）保胎或孕妇缺乏运动，使得胎儿很少甚至没有机会与胎盘内壁接触而失去早期学习机会导致触觉防御。

（2）羊水过多或过少。羊水过多的母亲，尽管自己运动较多，但由于胎儿在更多的羊水保护中很难有机会与胎盘内壁接触，胎儿失去诸多必要的触觉学习机会导致触觉防御。相反，羊水过少的母亲哪怕是轻微的运动，胎儿都有可能与胎盘内壁产生接触，胎儿触觉学习的机会过多导致触觉刺激的"饱厌"现象，胎儿不再对类似刺激做出反应，导致胎儿触觉迟钝。

（3）剖宫产。剖宫产胎儿没有经历宫缩的挤压，没有从狭窄而屈曲的产道娩出，这就剥夺了孩子最原始也是最重要的触觉学习机会而导致孩子触觉防御。

（4）非母乳喂养。孩子出生后如果不是母乳喂养，也容易导致孩子触觉防御。因为在母亲哺乳孩子时一般都会不停地抚摸轻拍孩子，孩子不断地运动口腔，通过包卷母亲乳头和乳晕获得大量的口腔触觉刺激，因此母乳喂养也是孩子触觉学习的重要途径。而非母乳喂养的儿童则没有这些触觉学习的机会——哺乳者一手抱孩子，一手拿奶瓶（为了防止呛着和不影响牙床发育一般需稍微向后拽着点），没有第三只手再为孩子提供触觉刺激了，况且目前市场上销售的奶嘴都比较光滑、细腻、单孔，无法与富有弹性与张力、既不粗糙也不细腻、多孔的母亲乳头相比。

（5）缺少搂抱与抚摸。如果孩子出生后缺乏搂抱、抚摸、轻拍，也会导致触觉防御。人类普遍存在着皮肤被触摸的需要，即人们常说的"皮肤饥渴"问题。孩子成长过程中除了"饮食饥渴"必须得到解决之外，"皮肤饥渴"的问题也必须得到解决，否则严重缺乏会影响孩子健康成长。国外心理学家的研究表明：一个正常的个体每天需要11个拥抱，否则就会产生情绪情感问题。

（6）延长"褟褓期"。有些看护孩子的祖辈由于害怕"意外"，特别强调安全，延长"褟褓期"、过度保护，这不让摸、那不让碰，这里有细菌、那里太脏……从而使孩子的触觉发展错过了触觉敏感期。如果父母抚养孩子比较粗放，如婴幼儿内衣不够柔软、用洗衣粉洗孩子的内衣、穿之前没有搓柔软等，则会导致孩子触觉迟钝。

触觉统合失调对孩子成长的影响

触觉是最基本、影响力最大的系统。触觉是提供给宝宝有关周围环境信息的最主要来源之一，对宝宝的成长影响很大。

触觉统合失调的宝宝没有安全感。

触觉统合失调的宝宝社会化发展易出现问题。

触觉发育不良对宝宝的情绪发展也有重要影响。

触觉发展失调会影响宝宝的区分和辨别能力。

总之，触觉统合失调的孩子，长大后的各项智能都会受到不同程度的影响，例如肌肉关节的活动、空间概念等。所以父母一定要注意观察，尽量引导孩子在安全的环境下做各种活动，基础感官稳定了，将来的发展才会更上一层楼。

触觉家庭训练游戏

游戏1

游戏名称：抚触操。

训练目标：促进孩子的触觉发展。

适合年龄：0～6个月。

操作方法：

1. 工具准备：床单、干毛巾、音乐。
2. 工具摆放：将床单放在床上或地板上。
3. 操作过程：第一步，做好准备工作。摘去手、腕上的饰品，洗手，擦小儿润肤油，播放优美音乐，铺好床单，准备好换洗衣服和纸尿裤。第二步，开始抚触。

头面部抚触： 抚触从头部开始，妈妈用两拇指从小儿额头部中央向两侧推，然后两拇指从下颌部中央向两侧滑动，让上下唇成微笑状。然后，妈妈两手再从前额发际抚向脑后，最后两中指分别停在脑后。

四肢和手足的抚触： 对小儿手和足的抚触，有利于小儿精细动作的发展，四肢的抚触有助于小儿血液循环，促进小儿皮肤的新陈代谢，增强小儿皮肤抗病能力。抚触的方法是用两拇指的指腹从小儿脚跟向脚趾方向推进，并逐个提拉脚趾各关节。手的做法与足相同。妈妈用手抓住宝宝胳膊，交替从上臂向手腕方向轻轻紧捏，然后从上到下搓滚。双下肢的抚触方法和双上肢相同。

胸部抚触： 小儿裸露全身（裸露全身也是一种锻炼，增强小儿的耐寒力），妈妈用双手从小儿的胸部外下方向对侧上方交叉推进，在胸部画个大的交叉。

腹部抚触： 可能增强胃肠功能、促进消化、吸收和排便。妈妈在小儿腹部用两手依次从左下腹向左上腹、右上腹、右下腹揉动，成顺时针方向画半圆。

背部抚触： 将小儿翻过身来，以脊椎为中分线，用双手与小儿脊椎成直角，向相反方向重复移动，由背部上方到臀部，再到肩膀，重复多次。

4. 游戏时间：每次10～20分钟，每天2～3次。

注意事项：室温要调至 27 ℃左右，抚触一般要在两次喂奶中间进行，一般在小儿洗浴后进行。还要注意抚触时妈妈要用目光和小儿交流，要一边抚触一边和小儿说话。

延伸训练：可以配合舒缓的音乐，进行有节奏性的抚触。

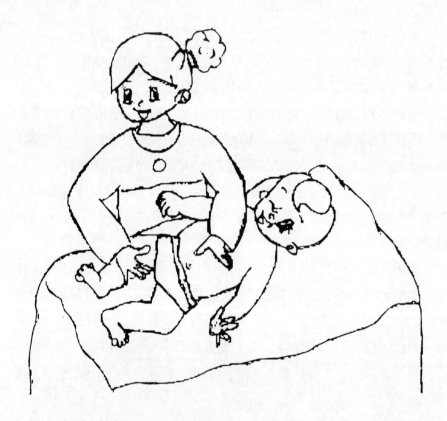

第四篇 家庭中宝宝的触觉训练

游戏名称：水中游。

训练目标：通过水和水压对孩子全身皮肤的刺激，激发孩子神经、免疫和内分泌系统的系列良性反应。

适合年龄：0～6岁。

操作方法：

  1. 工具准备：婴幼儿浴缸、游泳颈圈。

  2. 工具摆放：无。

  3. 操作过程：将水温调至 35 ℃左右，给宝宝戴好游泳颈圈，开始时，需要抱着宝宝在水中试着入水，抱放几下待适应后，将宝宝放入水中。

  4. 游戏时间：10～15 分钟。

注意事项：室内温度要保持 28 ℃，注意检查颈圈是否有漏气现象。

延伸训练：宝宝适应后可以进行游泳姿势的学习。

游戏名称：抓握玩具。

训练目标：刺激宝宝的触觉，提高宝宝的手眼协调能力。

适合年龄：0~4个月。

操作方法：

1. 工具准备：各种质地且有声响的玩具。
2. 工具摆放：将玩具挂在门、窗、墙上或宝宝的床上。
3. 操作过程：将带响的玩具挂在自家的门、窗、墙上，家长逗引宝宝去抓握。
4. 游戏时间：5~10分钟。

注意事项：玩具应该是环保的，且不能伤害宝宝的皮肤。

延伸训练：也可以买些带响且可移动的玩具，让宝宝抓握。

第四篇　家庭中宝宝的触觉训练

游戏名称：虫子爬。

训练目标：提高宝宝的触觉反应力，促进智力发育。

适合年龄：0～6个月。

操作方法：

1. 工具准备：无。
2. 工具摆放：无。
3. 操作过程：家长用食指当虫子，在宝宝的手心、脚心爬来爬去，同时可以念一些宝宝熟悉的儿歌。
4. 游戏时间：5～10分钟。

注意事项：用手指做爬的运动时，指甲不能划伤宝宝。

延伸训练：还可以跟着儿歌的节奏做一些摩擦运动。

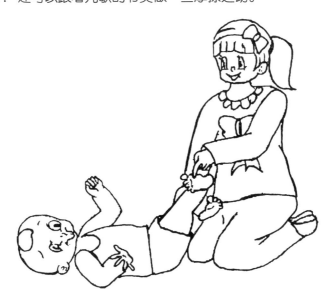

游戏 5

游戏名称：过手的丝巾。
训练目标：促进触觉的发展。
适合年龄：0～6个月。
操作方法：

1. 工具准备：丝巾。
2. 工具摆放：无。
3. 操作过程：用手轻轻捏住宝宝的一只手腕，然后用食指从宝宝的拳头伸入宝宝的手心里，再用大拇指抚摸宝宝的手背，宝宝就会稍稍放松握紧的小拳头。然后，家长另一只手将丝质的小方巾放在宝宝的手心里，宝宝的手又会有握紧反应，这时轻轻来回拉动小方巾，让小方巾不断摩擦宝宝的手心。一边进行上述活动，一边轻柔地对宝宝说："滑滑的，多柔软啊。"
4. 游戏时间：5～10分钟。

注意事项：丝巾不宜太宽，最好能让宝宝抓在手心里。
延伸训练：当宝宝握住丝巾以后，拉住丝巾的一头，快速地拽出来，然后重新来。一下握住一下又失去，这会给宝宝另一种奇异的体验，同样的游戏还可以换成另外不同质地的方巾进行。

第四篇 家庭中宝宝的触觉训练

游戏名称：包一包。
训练目标：预防触觉敏感，促进触觉学习。
适合年龄：1～12个月。
操作方法：

1. 工具准备：包孩子的各种质地的包毯一块。
2. 工具摆放：将包毯平放在床上。
3. 操作过程：把孩子放在不同质地的毯子上包好，露出头部，然后，家长用手挤一挤或按一按用包毯包好的宝宝，让孩子的皮肤感受不同质地的毯子。
4. 游戏时间：10分钟。

注意事项：家长在选择包毯时，要注意选择绒毯、线毯或布毯等。
延伸训练：也可在包孩子时，视情况让孩子光着身体。分松和紧两种包法，宝宝可以更好地感受到被包裹的感觉，然后重复做摇晃、举起再放下的动作10分钟。

游戏名称：写符号。

训练目标：发展宝宝的触觉。

适合年龄：4~8个月。

操作方法：

1. 工具准备：无。
2. 工具摆放：无。
3. 操作过程：把宝宝的身体当成画布，用准备好的各种生活用品，就像作画一样，用适度的力量在宝宝的身体上从头到脚一路画，笔法不限。
4. 游戏时间：5~10分钟。

注意事项：做画笔的各种生活用品一定要环保或安全，不能太尖，还要注意宝宝的表情，力量适度。

延伸训练：也可用食指作画笔，但要用手指肚画。还可以在宝宝的身上写数字、汉字、图形、拼音、字母等各种各样的符号，一边写一边说符号的名称。

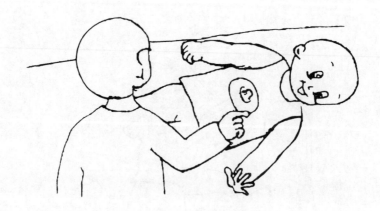

第四篇　家庭中宝宝的触觉训练

游戏名称：毛巾筒。

训练目标：按摩身体，增加触觉学习。

适合年龄：5 个月至 3 岁。

操作方法：

1. 工具准备：毛巾被一条。

2. 工具摆放：将毛巾被平放在床上或地毯上。

3. 操作过程：将孩子放在毛巾被上，用毛巾被把孩子卷成筒状，露出头部和脚，然后让孩子自己来回活动，以便让毛巾被摩擦着孩子的身体。

4. 游戏时间：10 分钟。

注意事项：家长要注意在包孩子时，不要太紧和太松，以孩子可以活动自如，并能产生摩擦为准。

延伸训练：也可让孩子裹着毛巾筒在床上或地板上来回滚动，做 10 分钟。

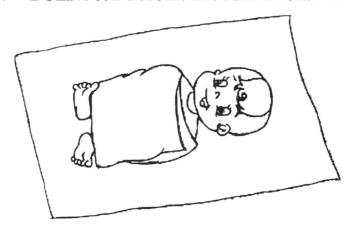

游戏名称：跑气的气球。

训练目标：气球里的气流所给予的刺激能增强宝宝皮肤的适应能力，促进宝宝触觉的发展。

适合年龄：8~12个月。

操作方法：

1. 工具准备：带颜色的气球。
2. 工具摆放：无。
3. 操作过程：把一只气球充气，让宝宝拍打着玩一会儿。然后打开口，家长捏着气球，留一点点空隙，使气缓缓放出来。放气的时候将出气口对着宝宝的手心、脚心、脖子、脸等身体部位移动，使气流冲击宝宝身体的不同部位。
4. 游戏时间：5~10分钟。

注意事项：刚开始，宝宝可能紧张害怕，请家长先在自己身上试着做，等宝宝觉得是安全的，消除了恐惧心理时再在他身上做。

延伸训练：给气球放气时松开手，气球在气流的反作用下会一下子飞出去并到处飞舞，而且会发出哧哧的跑气声，如果宝宝不感到害怕，可以面对宝宝的身体放开气球。

游戏名称：撕碎纸。

训练目标：增加手的灵活性和触觉学习。

适合年龄：9个月至2岁。

操作方法：

1. 工具准备：卫生纸一卷。
2. 工具摆放：把卫生纸放在床上或地板上。
3. 操作过程：把卫生纸分成小段给孩子,让孩子开始撕,撕得越碎越好。
4. 游戏时间：5分钟。

注意事项：家长要一直陪在孩子身边看护孩子撕纸,不要让孩子把纸放在嘴里,以免发生危险。

延伸训练：也可以把卫生纸换成稍厚或稍硬的纸让孩子撕,具体视孩子年龄和手劲而定,撕5分钟。

游戏名称：翻一翻。
训练目标：促进宝宝的手指灵活和触觉的发展。
适合年龄：9个月至2岁。
操作方法：

1. 工具准备：五颜六色的图画书、文字少的图画书。
2. 工具摆放：无。
3. 操作过程：每天固定时间与宝宝进行亲子阅读，尽量把"翻书"的工作交给宝宝来做，宝宝刚开始时会几页几页地翻，家长可以做示范一页一页地翻，逐渐宝宝就学会了一页一页地翻书。在翻书的过程中，手的感觉能力就培养出来了。
4. 游戏时间：5~10分钟。

注意事项：选用的图画书要随宝宝能力的发展由厚到薄，翻书页时不要给宝宝错误的示范，如将手指放入口中蘸一下口水等。
延伸训练：将宝宝的照片贴到过期的台历本上，制作一本属于宝宝自己的照片册，让宝宝翻，更能引起宝宝的兴趣。

第四篇 家庭中宝宝的触觉训练

游戏 12

游戏名称：球池乐。
训练目标：提高身体感觉能力，增加全身触觉学习。
适合年龄：9个月至3岁。
操作方法：

1. 工具准备：浴盆一个、小球或纸团若干个。
2. 工具摆放：将小球或纸团放在盆中达到浴盆的一多半为准。
3. 操作过程：让孩子进入浴盆中，做游泳状，让身体能和小球或纸团充分地接触，起到按摩身体的作用。
4. 游戏时间：10分钟。

注意事项：家长要看护好孩子，提醒孩子身体不停地变换姿势，并给予必要的指导。

延伸训练：也可以在上面活动的基础上，在部分小球上标上号码，让孩子找出来，或放些小毛绒玩具让孩子找，增强趣味性，每天10分钟。

游戏名称：抓痒痒。

训练目标：预防触觉敏感，增加触觉学习。

适合年龄：1～6岁。

操作方法：

1. 工具准备：线手套一只，软垫一个。
2. 工具摆放：将软垫放在地板上。
3. 操作过程：让孩子平躺在软垫上，家长戴上线手套，从孩子的颈部开始，给孩子抓痒，往下到后背、肚皮，反复几次，直到孩子不笑为止。
4. 游戏时间：10分钟。

注意事项：家长戴的手套要干净，用力要适中，以孩子能接受为宜。

延伸训练：家长可摘掉手套给孩子抓痒，部位可扩展到颈部、腋下、脚心等。视孩子的承受能力加大力度，每天10分钟。

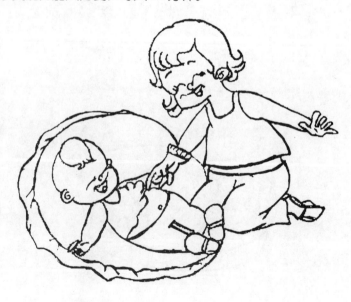

游戏 14

游戏名称：梳一梳。
训练目标：针对怕触碰的孩子，减轻触觉敏感。
适合年龄：1～5 岁。
操作方法：

> 1. 工具准备：木质或牛角梳一个，镜子一面。
> 2. 工具摆放：家长拿梳子，孩子拿镜子。
> 3. 操作过程：让孩子坐好，家长拿着梳子开始给孩子梳头，先向下梳，然后向上、向左、向右，反复梳。
> 4. 游戏时间：5 分钟。

注意事项：刚开始可以轻轻来，直到孩子接受后，再开始稍稍用力梳。
延伸训练：可换成粗、细两种齿的梳子交替着给孩子梳头，并逐渐加大力度，或把头发弄湿，重复以上动作，反复梳 5 分钟。

游戏名称：刷、刷、刷。
训练目标：增加身体对外界刺激的感觉，预防触觉敏感。
适合年龄：1～5岁。
操作方法：

1. 工具准备：软毛刷子、硬毛刷子各一把。
2. 工具摆放：家长用手拿着刷子。
3. 操作过程：家长先拿软毛刷子在孩子身上轻轻地刷，由颈部开始，在前胸、后背、双臂、双脚反复刷。
4. 游戏时间：5分钟。

注意事项：最好在孩子不穿衣服的情况下进行，并逐渐加大力度。
延伸训练：家长也可换成硬毛刷子，开始刷孩子，并让孩子说出与软毛刷子的不同感觉，然后软硬交替着刷，也让孩子说出感觉，共刷5分钟。

第四篇 家庭中宝宝的触觉训练

游戏名称：冲、冲、冲。

训练目标：提高身体对冷、热的感觉及触觉学习。

适合年龄：1～5岁。

操作方法：

1. 工具准备：浴盆一个、热水器淋浴喷头一个。
2. 工具摆放：在浴盆中进行。
3. 操作过程：让孩子坐在浴盆内，家长用温水冲孩子身体的不同部位，可随意变换水流的强弱，让孩子说出不同的感觉。
4. 游戏时间：5分钟。

注意事项：家长要注意调整好水温，不要烫着或让孩子着凉，建议最好在夏季做此游戏。

延伸训练：也可以适当将水温调热或调凉，或冷热交替着冲孩子，让孩子感受冷热的变化，并说出感觉，每次5分钟。

游戏名称：擦一擦。

训练目标：提高孩子身体对粗细的感觉,增加触觉学习。

适合年龄：1~6 岁。

操作方法：

1. 工具准备：粗、细海绵各一块。
2. 工具摆放：将海绵放在浴盆中待用。
3. 操作过程：让孩子坐在浴盆中,放入温水,家长先拿细海绵带着水开始擦孩子的身体,从上到下逐渐加大力度,反复擦。
4. 游戏时间：10 分钟。

注意事项：水温不宜过热,用力要适中。

延伸训练：也可以换成粗海绵擦孩子的身体,并让孩子说出感觉,然后粗、细交替着擦,并让孩子说出粗、细不同的感觉,共擦 10 分钟。

第四篇　家庭中宝宝的触觉训练

游戏名称：滚一滚。

训练目标：增加身体对外界刺激的感觉和触觉学习。

适合年龄：1～6岁。

操作方法：

1. 工具准备：小皮球、小颗粒球各一个，软垫一个。
2. 工具摆放：把软垫铺在地板上。
3. 操作过程：让孩子躺在软垫上，家长拿小球在孩子身上从上到下、从头到脚开始循环滚动、反复按摩。
4. 游戏时间：10分钟。

注意事项：家长用力要视孩子的接受程度而定，逐渐由轻到重、由慢到快。

延伸训练：也可以换成颗粒小球，重复以上动作，让孩子感受两种小球的不同感觉，并描述出来，也可让孩子自己来操作，每次10分钟。

游戏名称：压一压。

训练目标：调整触觉，加强触觉学习。

适合年龄：1~6岁。

操作方法：

1. 工具准备：大笼球一个。

2. 工具摆放：把大笼球放在平坦的地毯上。

3. 操作过程：让孩子趴在大笼球上，家长扶着孩子的腰部往下压，开始上下弹动，反复几次后，让孩子翻身躺在球上重复以上动作，频率逐渐加快。

4. 游戏时间：10分钟。

注意事项：在注意孩子安全的同时，家长要提示孩子尽量把头抬起来。

延伸训练：也可以让孩子趴在球上，家长拉着孩子的双脚，前后滚动，让孩子的手接触地面，然后翻身躺在球上，滚动着去摸地面，反复做10分钟。

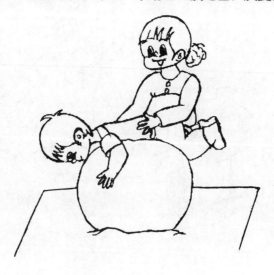

第四篇　家庭中宝宝的触觉训练

 游戏 20

游戏名称：挤呀挤。
训练目标：调整触觉敏感，增加触觉学习。
适合年龄：1～6 岁。
操作方法：

1. 工具准备：大笼球、颗粒大笼球各一个。
2. 工具摆放：将大笼球放在比较安全的墙角。
3. 操作过程：家长用球把孩子堵在墙角里，让孩子想办法出来，家长要用力地推球，不让孩子出来，孩子用力往外挤，达到用球挤孩子身体的目的。
4. 游戏时间：10 分钟。

注意事项：要在确保孩子安全的情况下进行此游戏，并让孩子有挤出来的机会，以增强自信心和游戏兴趣。
延伸训练：可用颗粒大笼球重复以上游戏动作，或家长与孩子互换位置，每次 10 分钟。

游戏名称：拍一拍。
训练目标：调节触觉敏感，促进触觉学习。
适合年龄：1～6岁。
操作方法：

1. 工具准备：颗粒球一个，地毯一块。
2. 工具摆放：将地毯平铺在地板上。
3. 操作过程：让孩子先仰面躺在地毯上，四肢伸平，家长用球拍打孩子的身体，按照上身、胳膊、腿等部位的顺序依次拍打；然后让孩子翻身，趴在地毯上再按照上身、胳膊、腿等部位的顺序依次拍打；重复多次。
4. 游戏时间：10分钟。

注意事项：注意拍打时要避开孩子的头部和脸部，要从轻拍、慢拍开始，逐渐加大力度和加快速度，用力以孩子觉得适应为宜。

延伸训练：可用大笼球压孩子的胳膊、上身和腿部，然后换上颗粒大笼球重复以上动作，让孩子描述不同的感觉，压10分钟。

第四篇　家庭中宝宝的触觉训练

游戏名称：搓、搓、搓。
训练目标：增加身体触觉学习。
适合年龄：1～6岁。
操作方法：

1. 工具准备：毛巾一条、软垫一个。
2. 工具摆放：把软垫放在床上。
3. 操作过程：家长先将双手对搓，待搓热后开始搓孩子颈部、背部，然后是肚皮、胳膊、腿等。按顺序反复搓并让孩子说出感觉。
4. 游戏时间：5分钟。

注意事项：要注意手劲的调整，以孩子能接受为宜。
延伸训练：也可以用毛巾代替手来搓孩子的身体，让孩子感受手和毛巾的不同并描述出来，5分钟为宜。

游戏 23

游戏名称：赤脚走路。

训练目标：赤脚走在各种路面，会给宝宝以丰富的触觉感受，积累各种感觉经验。

适合年龄：2～3岁。

操作方法：

1. 工具准备：不同触感的路面。
2. 工具摆放：无。
3. 操作过程：在适宜的天气里，带宝宝到外面，脱掉鞋子，光着脚走一走，除了草地之外，泥土路、细沙路、小石子路、泥泞路、柏油路，各种不同的路面，都让他去尝试走走。
4. 游戏时间：10～20分钟。

注意事项：走的时候，家长要和宝宝一起走。刚走时孩子不适应，要慢些走，适应后可以适当加快走的速度。

延伸训练：也可以让他再走平坦的、上坡的、下坡的、高低起伏的、直的、弯曲的各种不同的地形，以增加不同的体验。

游戏 24

游戏名称：纸飞机。
训练目标：锻炼宝宝的触觉和手眼动作的协调性。
适合年龄：2～4 岁。
操作方法：

1. 工具准备：彩色折纸。
2. 工具摆放：无。
3. 操作过程：先给宝宝示范如何折纸飞机，家长带宝宝一起折，家长折一步，宝宝跟着折一步，最后完成折飞机的过程。也可以将折好的飞机再打开来，让宝宝看是如何折成的。可以多折几只，直到宝宝学会为止。
4. 游戏时间：10 分钟。

注意事项：别让彩纸割坏宝宝的小手。
延伸训练：家长也可与宝宝用折好的小飞机进行飞行比赛，看谁的飞机飞得又高又远，或是谁的飞机能飞到离指定的地方最近等。

游戏名称：玩沙子。
训练目标：消除情绪压力，强化触觉学习。
适合年龄：2~6岁。
操作方法：

1. 工具准备：塑料盆一个、半盆沙子。
2. 工具摆放：将盛沙子的盆摆在地砖上或院子里。
3. 操作过程：让孩子蹲在盆边，用手在沙子里搅动，做洗手状，或任意地抓沙、搓沙、捧沙，反复进行。
4. 游戏时间：10分钟。

注意事项：家长要注意孩子玩的过程中，不要把沙子弄到眼睛里，确保安全性。
延伸训练：也可以把水倒入沙子里，让孩子用手搅动，去感受干沙与湿沙的不同，并说出感觉。还可让孩子用模型将湿沙扣成各种形状，体验创作的快乐，每次玩10分钟。

第四篇 家庭中宝宝的触觉训练

游戏名称：捞豆子。

训练目标：增加手的精细动作和触觉学习。

适合年龄：2~6岁。

操作方法：

1. 工具准备：碗两个，半碗绿豆。
2. 工具摆放：把绿豆放入其中一个碗中。
3. 操作过程：让孩子把一个碗中的绿豆抓到另一个碗里，直到最后一粒，然后反复进行多次。
4. 游戏时间：10分钟。

注意事项：家长要看管好年龄小的孩子，不要让他把豆子放在嘴里，并且注意是抓，不是倒，直至抓完最后一粒。

延伸训练：也可把碗里倒上水，让孩子在水里捞豆子，放在另一只空碗里，直到最后一粒，然后把豆子一个一个抓回空碗中，反复几次，做10分钟。

游戏名称：打水仗。

训练目标：加强身体的触觉学习。

适合年龄：3～6岁。

操作方法：

1. 工具准备：水盆、喷水枪、水瓶等。

2. 工具摆放：找一个宽阔的场地。

3. 操作过程：家长和孩子同时手拿加满水的水瓶或喷水枪，开始往对方身上喷水或泼水，展开水战。

4. 游戏时间：10分钟以上。

注意事项：家长要注意安全性，最好选择夏天来玩。

延伸训练：也可以多找几个小伙伴一起互动，家长在旁边督战或者在北方的冬季下雪时去外面打雪仗。时间视具体情况而定。

游戏名称：玩泥巴。

训练目标：增加手部触觉学习，对脑部进行感觉刺激。

适合年龄：3～6岁。

操作方法：

1. 工具准备：陶泥一大块、垫板一块。
2. 工具摆放：把垫板放在一张书桌上。
3. 操作过程：让孩子抓一块陶泥，尽情地用手搓、捏、拍、压、擀等，或制成各种形状。
4. 游戏时间：视需要而定。

注意事项：家长要先给予必要的指导，提示孩子对变化的感受，并鼓励孩子的创造性。

延伸训练：也可以让孩子把陶泥做成各种具体的形状，如蔬菜、水果等。晾干后刷上颜色，以增加趣味性和创造力。时间视具体情况而定。

游戏名称：猜一猜。
训练目标：调整情绪压力，增加触觉学习。
适合年龄：4～6岁。
操作方法：

1. 工具准备：筷子一根或铅笔一支。
2. 工具摆放：家长拿着筷子或铅笔。
3. 操作过程：让孩子坐好并伸出手，闭上眼睛，家长在孩子的手心里用筷子或铅笔写字，然后让孩子猜。左右手交换着反复进行。
4. 游戏时间：10分钟。

注意事项：注意铅笔不用削，筷子不要太尖，以免划伤孩子。
延伸训练：也可在孩子的后背写字让孩子猜，先不穿衣服写，然后隔着衣服写。反复训练10分钟。

第四篇　家庭中宝宝的触觉训练

游戏名称：化装舞会。

训练目标：调整情绪，增加人际交往和触觉学习。

适合年龄：4~6岁。

操作方法：

1. 工具准备：各种动物面具。
2. 工具摆放：将面具戴在孩子脸上。
3. 操作过程：家长帮孩子戴上自己喜欢的动物面具，然后学着小动物的叫声，并模仿小动物的动作，可尽情发挥。
4. 游戏时间：10分钟。

注意事项：要注意戴面具时不要挡住眼睛以免摔倒。

延伸训练：可以多找几个小伙伴，让他们都戴上自己喜欢的动物面具，然后编排一个小短剧，让孩子来演。让每个孩子都有表现的机会，要尽量多地互动。时间视具体情况而定。

第五篇
家庭中宝宝的视听统合训练

视听知觉小常识

什么是视知觉

视知觉是指以视觉为基础的、使孩子能够对视野内的物体进行观察和辨别的能力。这种能力包括视觉敏感度、视觉辨别能力、视觉统合能力、视觉联想能力、视觉记忆能力、视觉专注能力、视听协调能力等几个方面。

视觉敏感度通俗地说就是视力，是指从一定距离感知和辨别细小物体的能力。具有良好的视觉敏感度，孩子就能对视野内的物体作正确的观察与辨别，就能够认识到光线的明暗、距离的远近、图像的正反以及空间的关系，并配合语言功能产生正确的视觉概念。视觉敏感度对于孩子的学习十分重要，它能提高孩子通过视觉接收信息的能力。假如一个孩子没有正常的视觉敏感度，当他从事抄写、阅读等学习任务时，就会力不从心。

视觉形成过程如下图所示。

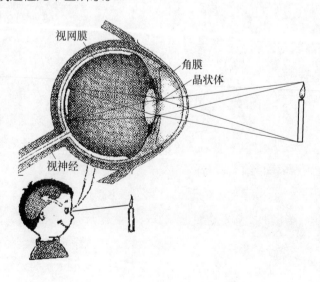

视觉辨别能力是指对人、物、线条、图形或文字的辨别能力。视觉形成过程的简图如下图所示。

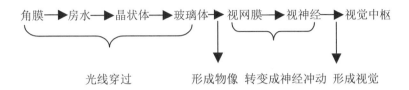

视觉统合能力是指视觉与身体各部分的精细动作相互配合的能力。

视觉联想能力是指由视觉经验引发的视觉联想能力。如有的宝宝能将破碎的图形联结起来，组成一个完整的、有意义的图形。

视觉记忆能力是指大脑对眼睛所能见到事物的印象保留的能力。如有的宝宝对书的文字或图形，能在看过一遍之后，保持一定时间的记忆。

视觉专注能力是指视觉选择性注意持续性的能力。

视听协调能力是指视觉与听觉在接收信息刺激时的联动反应能力。

视知觉有哪些功能

视觉是人最主要的感觉通道，位于五官之首。有研究认为，人类约有 80% 左右的信息是通过眼睛这个视觉感受器输送给大脑的，对于婴幼儿来说，视觉的作用更为巨大。因为家长还可以凭借语言听觉获取信息，而宝宝很难做到这一点，宝宝对语言的理解水平非常低，常需要视觉形象加以支持。

（1）视知觉是分辨形状的重要器官。每一个物体都可以有形、声、色、味等属性，这些属性中以形为主，而辨别形状靠的便是视知觉。视知觉正常的人通过空气透视、线条透视、运动视差、晶体调节、视轴复合等形成形状知觉。但视知觉障碍者便要依靠其他知觉来分辨物体，必然多费时间和精力。

（2）视知觉缺陷将影响其他知觉。视知觉的缺陷会影响对其他知觉所获取的知识的组织、消化。比如走进公园，我们看到花开并闻到香味，很容易就知觉到是哪一种花的香味。而盲人却又摸又嗅，再听别人解说才弄清楚是花香，不是树香或其他物品的香味。

（3）视知觉的其他作用。视知觉在孩子发展过程的其他方面也发挥着巨大的作用。视知觉能协助孩子认识物体的客观存在性；视知觉可以扩大孩子的活动范围；视知觉可以协助孩子模仿、学习；视知觉在激发孩子产生探索环境的动机等方面发挥着巨大的作用。

孩子视觉发育的年龄特点

婴儿出生后就有看的能力，而且喜欢看黑白对比鲜明的图片。新生儿容易注视 20 cm 左右处的物体。这是因为 2 个月以前的婴儿不能根据物体远近随意调节眼球晶状体的厚度。因此，新生儿最佳的注视距离是 15～25 cm。

1 个月后，宝宝就能注视或跟踪移动的物体或光点。新生儿喜欢看轮廓鲜明和深浅颜色对比强烈的图形，喜欢看黑白或红色的图形与物品，更喜欢看人的笑脸。

4 个月时，宝宝的视觉适应能力已经接近成人，眼球晶状体能随物体远近而相应调节和变化，同时开始注意远距离的物体，如大型电动玩具、汽车、行人及天上的星星和月亮等。

6 个月左右，宝宝的视敏度已达到成人正常水平，不仅能看见远处的较大物体，而且也能看见眼前的较小物品，如积木、围棋子、豆粒等。尤其对滚动的小皮球、跳动的乒乓球、跑动的小狗和汽车等更有视觉兴趣。

6 个月以后，宝宝的视敏度就完全成熟了，在视觉中枢神经的指挥下，对看到的任何物体，无论大小都能做出灵敏的视觉反应。

孩子视觉发育状况家庭小测试

1 个月：宝宝仰卧，家长在他的视线内走来走去，如果宝宝的眼睛能随着走动的人移动即为正常。

2 个月：家长拿颜色鲜艳的玩具在仰卧的宝宝面前晃动，如果宝宝能立刻看到并注视玩具即为正常。

3个月：宝宝仰卧，家长把红球举到宝宝的脸上方20 cm处，摇动红球引起他的注意，再将红球从他的头一侧向中央，再向头的另一侧（180°）慢慢移动，观察宝宝的头和眼睛是否随着红球转动180°，重复做3次。如果宝宝完全注视着红球，视线能跟踪红球180°（有时视线不连贯）即为正常。

6个月以上：家长手拿红球，并让其与宝宝的眼睛在一个水平线上。在宝宝注意到红球后立即松手，让红球落地但手仍保持原姿势，如果宝宝立即低头寻找（但不一定能找到）即为正常。

除了采用以上常用方法外，如果家长用一物品遮盖住宝宝的一只眼后，宝宝表现出不停地笑，说明有视觉；如果引起宝宝恐惧，未被遮住的另一只眼睛可能存在视力障碍。

视知觉统合失调的表现有哪些

（1）经常把鞋穿反。

（2）拼音"b、d""p、q"，数字3、2、7经常搞混。

（3）不能直观地评价大小或长短等。

（4）分不清"田"字格的左右、上下方位。

（5）上课时注意力不集中，特别容易分心。

（6）写字歪歪扭扭，忽大忽小，不工整。

（7）抄字速度很慢，比较潦草，经常把字写到格子或行线外。

（8）视觉与肢体的协调性差，容易被绊倒。

（9）对跑与跳等运动，反应比较迟钝、呆滞。

（10）对图形的辨识能力差。

视知觉统合失调产生的原因有哪些

（1）基因异常。严重的视力障碍大多与基因异常有关。准妈妈在孕期一定要均衡摄取营养，才能保证胎儿眼球的正常发育。另外，应特别注意是否有早产症状，因为早产宝宝经常有视网膜病变和高度近视的问题。

（2）母亲怀孕时，尤其是怀孕后期如果运动不足，会影响胎儿前庭系统的发育，间接影响到孩子的视知觉发展。

（3）没有经过爬行就会走路或者爬行很少的孩子，也是很重要的影响源。因为爬得越多越有利于孩子对空间关系的认知。

（4）孩子经常看电视，很少到户外活动，缺乏储存视觉表象的机会，孩子的视觉辨别能力就会比较缓慢，就不容易分辨出物体之间的细微差别。

（5）家长不经意地长时间遮挡孩子的眼睛。

此外，家长不注意宝宝看物的用眼卫生，也是产生视知觉失调的原因之一。

什么是听知觉

听觉是声波物理特征的反映。外界声波通过介质传到外耳道，再传到鼓膜。鼓膜振动，通过听小骨传到内耳，刺激耳蜗内的纤毛细胞而产生神经冲动。神经冲动沿着听神经传到大脑皮层的听觉中枢，形成听觉。

当外耳、中耳、内耳听神经及脑听觉中枢的任何部位有病变时，均会造成听力障碍。

听觉形成示意图如下图所示。

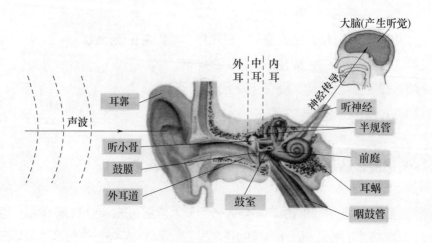

听知觉是在听觉的基础上对某种事物发出的声音的感知能力。具体包括以下方面。

1. 听觉专注力

听觉专注力,也就是听觉注意力,是指人在注意力集中的状态下,用听觉获取信息的能力。它是孩子记忆力的基础,因为只有"注意"到,才能记得住。

2. 听觉分辨力

听觉分辨力是指孩子接受和分辨各种声音刺激的能力。如果孩子的分辨力差,就容易产生发音不清、记错别人说的话、对外界声音反应迟钝、缺乏倾听的习惯等毛病。

3. 听觉记忆力

听觉记忆力是指贮存与回忆所听到信息的能力。如果孩子听觉记忆力差就会表现出学新东西慢,不能将过去学到的知识和现有的知识联系起来,从而影响对知识的理解。

4. 听觉理解力

听觉理解力是指能将过去由听觉所获得的信息以准确而详细的顺序回忆起来,并加以组织,使之有意义的能力。听觉理解力差的孩子,往往听不懂老师上课的内容,听不懂句子的意思,在与别人对话时经常发生答非所问的情况。

5. 听动统合能力

听动统合能力是指听觉和动作统合的能力,是指用动作迅速表现其所听到的指令的能力。

听与说是不可分割的,也是比较复杂的。因为它涉及的不仅是听进去了没有,听懂了没有,还要对所听的内容做出有意义的反应。所以听说能力差的孩子往往词汇量少,句型简单,话到嘴边又不知道怎么说。

听知觉有哪些功能

我们认识这个物质世界,有时不是用眼睛来看而是用耳朵来听的。耳的基本结构和功能如下图所示。

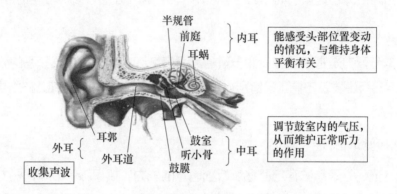

耳朵与眼睛协作可提高对事物的感知效果。耳朵的活动范围虽然小,可是它的作用也不只是听听讲话,听听音乐。它还有其他的特殊作用。在很多时候,它可以与眼睛协作,共同感知事物,提高对事物的感知效果。

听知觉的发展是孩子说话的前提。恐怕很少有人想到,耳朵不仅是声音的接收器官,而且也是声音发送器官的一部分。一个从小失去听觉的人,他的嘴巴功能就无法体现。

听知觉能力的好坏是孩子在学习活动中能否有效听讲的基础。有研究表明,听知觉能力的落后是孩子学习障碍的主要原因。曾经有专家做过统计,孩子在上课时 50% 的时间都在听老师讲课,所以孩子在听知觉能力上的问题会直接影响到孩子的听课效果。

此外,听知觉发展差也会影响孩子的社会交往。

孩子听觉发育的年龄特点

宝宝在胎儿期的第 5 个月就已经有了听觉能力,6 个月时听觉感受器就已基

本发育成熟。

新生儿有听觉定向反射。喜欢听母亲的说话声和轻松、优美的音乐声，尤其听胎教音乐时会表现出相对的安静、愉快和安全感。对强烈的噪声表现出烦躁的情绪。

1~3个月：宝宝在突然听到60分贝以上的声音时，会出现全身抖动、两手握拳、前臂急速屈曲或皱眉、眨眼、睁眼等活动。

4~6个月：宝宝对声音有反应，可辨别出妈妈的声音。能够在妈妈对自己说话时，用眼睛注视着妈妈，或在听到妈妈的声音时停止活动，将头转向声源。

7~9个月：能主动向声源方向转脸，也就是有了辨别声音方向的定位能力。

10~11个月：宝宝对自己的名字有反应，能学说"妈妈""爸爸"。听到悦耳的音乐，上下肢能随音乐有节奏地运动，对语言有丰富的应答。

1~1.5岁：宝宝能按听到的语言做出反应，当问"鼻子、眼睛、嘴在哪儿"时可用手指指点。

1.5~2岁：可用简单语言表达自己的感受和意识。

3~4岁：能背诵儿歌、讲故事。孩子处在语言学习发展的时期了。

孩子听知觉发育状况家庭小测试

新生儿时，家长在孩子左右两个耳边拍拍手，孩子如有反应视为正常。如果拍手的声音过大，孩子就会表现为惊跳，出现肢体活动，呼吸节律也会改变，甚至睁开眼睛或哭起来。

2~3个月时，家长可在孩子的听觉范围内，拿一个带响的玩具，放在左耳边和右耳边，弄响玩具后，看孩子是否跟着声源转头。

4~6个月：妈妈在孩子身边说话，如果孩子能够在妈妈对自己说话时，用眼睛注视着妈妈，或在听到妈妈的声音时停止活动，将头转向声源，视为正常。

7个月以上，孩子能根据声音的方向用视觉去寻找发声的物体，说明声音的分辨能力正常。

如果您的宝宝表现与上面的不同，建议您到医院为宝宝作一个听力筛查，及早进行诊断治疗。

听知觉统合失调的表现

（1）听力完全正常，却充耳不闻，家长和老师说话像"耳边风"似的。
（2）听他人讲故事时显出不耐烦的样子或东张西望，经常打断别人说话。
（3）上课时爱走神儿、做小动作，常因外界的细微干扰而分心。
（4）复述故事时颠三倒四、逻辑不清或流失很多信息。
（5）喜欢无端尖叫或自言自语。
（6）对巨响反应较差，甚至无反应。
（7）喜欢自己看着读而不愿听别人读。

听知觉统合失调有哪些原因

（1）母亲孕期居住环境或工作环境过于嘈杂、母亲孕期营养不良、母亲孕期情绪消极等都会对胎儿的听觉发育产生影响。
（2）错误的胎教，胎教时经常听不合适的音乐，导致胎儿的听觉神经受损。
（3）父母工作繁忙与宝宝交流机会缺乏。
（4）看护人内向，与宝宝交流少。
（5）宝宝看电视的时间过多、双向交流少。
（6）家长和宝宝缺乏倾听声音的习惯。

视听知觉统合失调对孩子成长的影响

教育专家告诉我们，一个孩子的视知觉能力和听知觉能力发展水平直接影响着一个孩子的学习结果，因为视听通道是孩子接收外界信息的主要通道。生活中，

第五篇　家庭中宝宝的视听统合训练

将近80%的信息是通过视听通道获得的。在视听觉正常发育的基础上发展起来的视知觉和听知觉的好坏也是影响孩子上课能否有效听讲的基础。试想，孩子上课时听不懂老师讲课的内容，记不清老师的要求，就会出现不能长时间注意听讲，对语句听得颠三倒四的情况，根本谈不上对学习的兴趣，更谈不上"有效学习"。

因此，优良敏锐的视知觉和听知觉能力对于孩子的未来具有十分重要的意义，是孩子智力开发的重要条件。

良好的视知觉可以使孩子在生活与学习中，能够观察细微、判断精确、分析明晰、记忆牢固、反应迅速，从而在语言文字、书画艺术、科学社会等领域的学习取得突出的成绩。

同样，良好的听知觉对孩子语言能力的发展起着决定性的作用。它可以使孩子在生活与学习中，能够听觉敏锐、记忆牢固、语言出众、音感明显、智力发达，从而在语言、音乐、社交等方面取得突出的成效。

一个发展中的孩子，如果视听知觉统合出现了问题，无论是视觉记忆，还是听觉记忆都较差，上课注意力将很难集中，经常会忘记老师的要求。孩子不能让有限的课堂产生无限的效益，而且也会影响课外的正常生活。久而久之，孩子会在心理上怀疑自己的能力，甚至厌学逃学，影响孩子健康成长。

视听知觉家庭训练小游戏

游戏名称：黑白棋布。

训练目的：给宝宝以黑白刺激，刺激杆状细胞，促进宝宝的视觉发展，提升专注力。

适合年龄：0～2个月。

操作方法：

1. 工具准备：黑白相间的棋布 6 块。

2. 工具摆放：把棋布放在宝宝看得见的地方（20～30 cm 的距离），如墙上、床上、妈妈的身上。

3. 操作过程：选择黑白分明的棋布，放在宝宝看得见的地方，刺激宝宝的视锥细胞，强化宝宝对黑白的视觉反应。黑白棋布由大方格到小方格，每天选择一种在宝宝看得见的地方展示开来，每次展示 20～30 秒，展示完马上收起来。一天只玩一种，可玩 5～6 次，每隔三天换一种。

   玩过黑白棋布游戏的宝宝，不仅视觉提升更快，而且关注力也有明显的增强。

4. 游戏时间：每次 20～30 秒，每天的次数不限。

注意事项：呈现方式和位置要多变化，让宝宝保持新鲜感。

延伸训练：把最近看的一种图案连成大块铺在宝宝的床上，宝宝在进行活动的同时，也完成了对视觉的刺激。也可以准备些各种黑白图片呈现给宝宝，让宝宝看，刺激宝宝的视觉神经。

棋布

第五篇 家庭中宝宝的视听统合训练

游戏名称：彩色图片。
训练目的：给宝宝以色彩刺激，提升宝宝的视觉和关注力。
适合年龄：1～4 个月。
操作方法：

> 1. 工具准备：各式几何彩色图片 30 张。
> 2. 工具摆放：将图片放在宝宝眼前 20～30 cm 的地方。
> 3. 操作过程：几何图形共有约 30 张，每天选其中 5 张，放在宝宝眼前 30 cm 的地方，从左至右慢慢移动，每张展示 5～10 秒，每次活动约 60 秒，每天玩 5～6 次。大量实践证明，由于图形具有鲜明的轮廓，加上反复接触观看，可以有效地提升宝宝对物体轮廓的视觉分辨能力。
> 4. 游戏时间：每次 1～3 分钟。

注意事项：每天要换掉两张新的图片，以保持新鲜感。
延伸训练：将父母的照片打印出来，插入各种图片中，让宝宝看。还可以在呈现图片时告诉宝宝这是什么图形。

游戏名称：视觉注视。

训练目的：提升宝宝的视觉分辨力，训练宝宝聚合双眼视线。

适合年龄：3～8个月。

操作方法：

1. 准备工具：家中各种物品。
2. 工具摆放：无。
3. 操作过程：在绳子上用夹子夹一些图片、小球、铃铛、毛绒玩具等，放在距宝宝30 cm处，缓缓移动并讲解每个小物品。
4. 游戏时间：每次30秒，每天5～6次。

注意事项：一定不要让绳子掉到床上，绳子挂在那里的时候，家长也不要离开，绳子上的小物件隔一段时间要调整变换一下。

延伸训练：还可以选择一种物品放到宝宝手上，让宝宝抚摸5秒，通过触觉产生影像。然后将物品拿到宝宝眼前30 cm左右的地方，告诉宝宝物品的名称，时间约25秒。反复三次。

第五篇 家庭中宝宝的视听统合训练

游戏名称：视觉追踪。
训练目的：训练宝宝的眼球跟随物品平行移动，帮助宝宝提高专注力，为日后的阅读打好基础。
适合年龄：2~4个月。
操作方法：

1. 工具准备：各种小玩具。
2. 工具摆放：将玩具放在宝宝眼前。
3. 操作过程：拿一个小玩具，用细绳吊起来，放在离宝宝眼睛30 cm远的地方，先招呼宝宝来看，然后将东西慢慢地由左至右、由上到下、由近及远不断变换位置（位置变化视宝宝月龄而定），让宝宝的眼睛随物品移动。
4. 游戏时间：每次1~5分钟。

注意事项：移动玩具时速度要慢。
延伸训练：妈妈用一个透明的细管，装入一个红色小球，放在宝宝眼前20 cm处，将小球在管里慢慢滚动，让宝宝的视觉跟着小球移动。

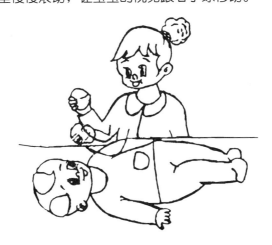

游戏 5

游戏名称：搭积木。

训练目标：训练手眼协调能力及视知觉。

适合年龄：8个月至4岁。

操作方法：

> 1. 工具准备：积木一盒。
> 2. 工具摆放：将积木放在光线良好的书桌上。
> 3. 操作过程：让孩子按照积木所带例图上的任意一个图案开始搭积木，搭完后，再进行下一个，时间视具体情况而定。
> 4. 游戏时间：10~20分钟。

注意事项：家长要坐下来陪着孩子，并给孩子适当的鼓励。

延伸训练：也可以让孩子不按图纸去搭积木，按照自己的想象和创意搭出各种形状，时间视具体情况而定。

第五篇　家庭中宝宝的视听统合训练

游戏名称：拼插玩具。
训练目标：训练动脑、动手能力和视知觉。
适合年龄：1～6岁。
操作方法：

> 1. 工具准备：拼插玩具一套。
> 2. 工具摆放：把玩具放在桌子或地板上。
> 3. 操作过程：让孩子先按玩具附带的图纸拼插，然后按自己想象的图案去拼插，多多练习。
> 4. 游戏时间：10～20分钟。

注意事项：家长要引导孩子从简单的环节入手，要鼓励孩子的耐心和坚持性。
延伸训练：也可以让孩子拼装一些木质的模型玩具，先按照图纸装，然后发挥自己的想象力和创意拼出各种形状。时间视具体情况而定。

游戏 7

游戏名称：涂颜色。
训练目标：训练手眼协调能力及视知觉。
适合年龄：1~4岁。
操作方法：

1. 工具准备：白纸几张，彩笔一盒。
2. 工具摆放：把纸摆在光线适中的书桌上。
3. 操作过程：家长先在纸上画出几种图形，让孩子拿出彩笔，涂在选中的图形中，以不涂在图形外边为宜，反复训练。
4. 游戏时间：10分钟。

注意事项：家长可视孩子的年龄大小，来确立图形的难易程度。
延伸训练：也可在孩子涂色熟练后，让孩子涂些沙画或石膏玩具，时间视具体情况而定。

第五篇　家庭中宝宝的视听统合训练

游戏名称：找图形。

训练目标：训练注意力和视知觉。

适合年龄：2~4岁。

操作方法：

1. 工具准备：印有各种图形（例如：■△○●★☆等）的卡片，彩色铅笔。

2. 工具摆放：把卡片摆在光线良好的书桌上。

3. 操作过程：让孩子选自己所喜欢颜色的彩笔，把图形卡中与宝宝手拿颜色的彩笔一样的图形找出来，确定没有遗漏后，换另一种颜色的彩笔，再挑下一组图形，以此类推，反复练习。

4. 游戏时间：10分钟。

注意事项：卡片由家长打印出来，家长在旁边帮助孩子检查是否挑全，是否正确，并加以鼓励。

延伸训练：也可在孩子挑完几种图形后让孩子统计出各种图形的数量，并标在卡片后面，练习10分钟。

游戏名称：安鼻子。
训练目标：训练孩子观察能力与视知觉。
适合年龄：2~5岁。
操作方法：

1. 工具准备：没有鼻子的人头手工画像一张，画一个纸鼻子。
2. 工具摆放：把画像挂在孩子能够摸到的墙上。
3. 操作过程：让孩子拿着纸鼻子，站在距离人头画像2 m远处，待家长喊"开始"后，孩子走到人像前，把鼻子安上去，家长再喊"完成"，孩子须向后转，回到原处，反复训练。
4. 游戏时间：视具体情况而定。

注意事项：家长要督促孩子在规定的时间内完成，并且安的位置要准确。
延伸训练：也可让孩子站好观察一下前方的人头像，把眼睛蒙上后，走上前把鼻子安上去，然后，再看是否安得准确。家长也可参与，和孩子互动一起游戏看谁安得准确，时间视具体情况而定。

第五篇　家庭中宝宝的视听统合训练

游戏名称：挑数字。

训练目标：训练注意观察的能力及视知觉。

适合年龄：2～5岁。

操作方法：

1. 工具准备：印有1～100的数字卡片。
2. 工具摆放：把印有1～100的数字卡片的顺序打乱，摆放在桌子上。
3. 操作过程：让孩子把数字卡片从1到100，一一挑出来，然后摆回去，再一一挑出来，反复练习。
4. 游戏时间：10分钟。

注意事项：可根据孩子的年龄大小，先摆部分卡片，逐步去增加数量。

延伸训练：也可以将卡片顺序打乱，家长随意说一个数字，让孩子去挑，也可规定时间让孩子在一定的时间内完成挑数的任务，训练10分钟。

游戏名称：看手势。

训练目标：训练注意力、记忆力和视知觉。

适合年龄：2～5岁。

操作方法：

1. 工具准备：无。
2. 工具摆放：无。
3. 操作过程：家长和孩子面对面坐下,让孩子注意看家长的双手,然后家长开始做各种各样的手势,每做完一次让孩子描述或模仿一下。反复进行。
4. 游戏时间：10分钟。

注意事项：开始时家长要做较简单的手势并且速度要慢,然后逐渐增加难度和速度。

延伸训练：家长也可以连续多做几个手势让孩子模仿,模仿的顺序要对,手势要准确,练习10分钟。

第五篇 家庭中宝宝的视听统合训练

游戏名称：钓瓶游戏。

训练目标：训练宝宝的注意力、手眼协调性。

适合年龄：2～6岁。

操作方法：

1. 工具准备：一根30 cm的木棍，一根长为30 cm的细绳，一根4 cm的小木棒。

2. 工具摆放：用材料制成一个钓竿，在离宝宝身体约50 cm的地方竖一个矿泉水瓶，让宝宝在规定的时间内钓起瓶子。

3. 操作过程：用长为30 cm的木棍，一端拴一根长为30 cm的细绳，绳的另一端拴一段4 cm的小木棒，在一定距离外钓起位于身体大约50 cm处竖立的矿泉水瓶，在一定时间内钓得越多越好。

4. 游戏时间：一次3～5分钟。

注意事项：要保证钓竿的安全性。

延伸训练：增加钓竿及钓瓶线长度，也可增加所钓瓶的重量，反复进行练习。

游戏 13

游戏名称：贴图画。

训练目标：训练动手能力及视知觉。

适合年龄：2~6岁。

操作方法：

1. 工具准备：白板纸、图案纸、剪刀、胶水。
2. 工具摆放：把白板纸放在光线良好的书桌上。
3. 操作过程：让孩子把图案纸上的小图案一一剪下来，贴在白板纸上，或用剪下来的小图案组成新的图案。
4. 游戏时间：视具体情况而定。

注意事项：注意选择幼儿手工剪刀，家长要在旁边指导孩子正确使用剪刀以免伤手。

延伸训练：也可以让孩子用各种颜色的彩纸剪成各种小图案，然后贴成自己喜欢的图画，时间视具体情况而定。

第五篇 家庭中宝宝的视听统合训练

游戏名称：走迷宫。

训练目标：训练大脑反应能力及视知觉。

适合年龄：3～6岁。

操作方法：

1. 工具准备：多种迷宫图片、铅笔。
2. 工具摆放：把图片放在光线良好的书桌上。
3. 操作过程：让孩子拿着铅笔，在迷宫图片上，沿着入口到出口的方向画，直到走出迷宫。
4. 游戏时间：10分钟。

注意事项：刚开始可选择较简单的迷宫图片让孩子走，不可操之过急，适当给予鼓励。

延伸训练：也可找一些具有复杂背景图案的图形卡片让孩子来做，准确说出复杂背景中的图形是什么，每次练习10分钟。

游戏名称：七巧板。
训练目标：训练大脑逻辑思维能力和视知觉。
适合年龄：3～6岁。
操作方法：

1. 工具准备：七巧板一套。
2. 工具摆放：将七巧板摆在光线良好且平坦的桌面上。
3. 操作过程：先让孩子熟悉每块七巧板的形状，然后照着图纸上的图案开始摆，每完成一个图案，最好再背下来摆一次，反复练习。
4. 游戏时间：10分钟。

注意事项：让孩子先从简单的图案开始摆，然后逐渐加大难度，并且给予孩子适当鼓励。
延伸训练：也可把七巧板其中的两块拿掉让孩子摆成一个规定的图形，如三角形、正方形等，反复练10分钟。

听知觉家庭训练游戏

游戏名称：母子交流。
训练目标：母子亲密接触，加强亲子交流，促进宝宝早期听力发展。
适合年龄：0～3个月。
操作方法：

> 1. 工具准备：无。
> 2. 工具摆放：无。
> 3. 操作过程：刚出生的宝宝就有听觉，尤其是对妈妈的声音更为敏感。在宝宝醒着的时候，将宝宝轻轻抱起来，贴近母亲的心脏，先让宝宝倾听妈妈的心跳声(因为在妈妈肚子里时就已经熟悉这种声音)，然后对宝宝温柔、亲切、细声地讲话，内容可以广泛，如妈妈对宝宝的关怀、大家对宝宝的喜欢、宝宝给妈妈带来的快乐和幸福等。
> 4. 游戏时间：随时随地，时间不限。

注意事项：妈妈发音一定要标准，声调要轻柔，有抑扬顿挫之感。
延伸训练：妈妈也可以准备半盆清水放在宝宝的旁边，用一只玻璃管向水里吹气，人工创造出咕噜咕噜的节奏声让宝宝听(因胎儿就是在羊水咕噜咕噜声中发育长大的)；也可给宝宝念儿歌、讲故事，给宝宝提供丰富的语言刺激。

游戏名称：摇黄豆。
训练目标：提供给宝宝更多的声音刺激，提升宝宝的听觉能力。
适合年龄：0～6个月。
操作方法：

1. 准备工具：小塑料瓶、黄豆。
2. 工具摆放：把塑料瓶放在宝宝的左右两侧。
3. 操作过程：在宝宝睡醒的时候，将几粒黄豆放在小塑料瓶中，在宝宝的左右侧轮流轻摇；宝宝便会转动头部，眼睛移动到发出声音的一侧。
4. 游戏时间：1～3分钟。

注意事项：塑料瓶离宝宝的耳朵不能太近，以免误伤宝宝的听力。
延伸训练：也可用不同质地的瓶子，分别装上各种粒状物品，放在宝宝耳边两侧能听见的地方，让宝宝听。

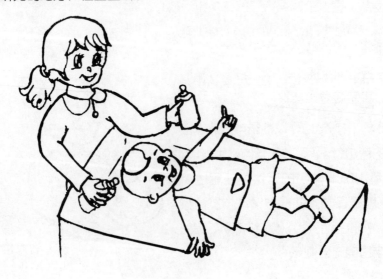

 游戏 3

游戏名称：听声找物。
训练目标：训练宝宝的听觉能力。
适合年龄：4~6 个月。
操作方法：

1. 工具准备：金属玩具。
2. 工具摆放：无。
3. 操作过程：将一个金属玩具扔到地上，看看宝宝是否低头在地面寻找；或可先让宝宝看着金属玩具掉在地面上，并让他听到声音；然后将许多金属的东西如勺子、剪刀、刀子等，逐样扔在地上；宝宝便会知道金属掉地上会发出声音了，以后再听见类似的声音，就会低着头寻找。
4. 游戏时间：1~3 分钟。

注意事项：选择的物品声音不能刺耳，声音的响度要适当。宝宝注意力转换比较快，不要无休止地训练，以免宝宝失去兴致。
延伸训练：还可以用有声响的玩具在宝宝身旁摇动或在宝宝手腕上绑一副摇铃，抓住宝宝的手摇动，引起宝宝的听觉注意；也可以妈妈或爸爸在宝宝面前轻歌曼舞，宝宝随着声音追视发出响声的地方。

游戏名称：大自然的声音。
游戏目的：让宝宝了解大自然丰富的声音。
适合年龄：6个月至4岁。
操作方法：

1. 工具准备：有关大自然声响的磁带或 CD 盘。
2. 工具摆放：无。
3. 操作过程：节假日带宝宝到公园或者野外，让他接触大自然，聆听大自然丰富的声音，如风声、水声、虫鸣、鸟叫、狮吼、虎啸等。父母也可购买或自己制作一些大自然声音的磁带或 CD 盘，放给宝宝听，同时告诉宝宝这些都是什么声音。也可以用嘴模仿出各种动物和自然界的声响，鼓励宝宝模仿这些声音。
4. 游戏时间：不限。

注意事项：录制的声音要清晰，听起来有舒服感。
延伸训练：在户外草地或公园空地上，蒙上孩子的眼睛，家长在孩子四周随意走动并发出声音信号，让孩子判断声音的方向并追踪声音。

# 游戏 5

游戏名称：音乐伴我行。
训练目标：提供丰富的声音刺激，引导宝宝配合音乐的开始及结束做出反应。
适合年龄：1~3 岁。
操作方法：

1. 准备工具：带指令性儿歌音乐带及放音设备。
2. 工具摆放：无。
3. 操作过程：家长和宝宝双手相握形成一个小圈圈，音乐开始的时候，家长就带着宝宝按顺时针的方向踏步走，当音乐告一段落的时候，引导宝宝停下来，并按音乐给出的指令做出相应的动作。
4. 游戏时间：5~10 分钟。

注意事项：初期宝宝对这种游戏不熟悉，家长应该带着宝宝一起做，陪宝宝做 2~3 次后，就可以让他自己尝试了。
延伸训练：准备一些森林公园或动物世界等主题音乐，让孩子听音乐的同时，模仿音乐中出现的小动物的某一声音特征。

游戏名称：拍拍手。
训练目标：训练反应能力和听知觉。
适合年龄：2~4岁。
操作方法：

1. 工具准备：无。
2. 工具摆放：无。
3. 操作过程：家长与孩子面对面坐下，家长发出指令让孩子拍手，比如，家长说"1"孩子拍一下，以此类推，然后说"轻拍"或"重拍"，让孩子按照要求去拍，并让孩子体会轻拍和重拍发出的不同声音。
4. 游戏时间：10分钟。

注意事项：家长可以先给孩子做示范。
延伸训练：也可以家长和孩子交换角色，重复以上动作，或家长和孩子互动，共同做拍手游戏，边拍边唱儿歌等，做10分钟。

第五篇 家庭中宝宝的视听统合训练

游戏名称：什么在叫。

训练目标：训练分辨能力和听知觉。

适合年龄：2~4岁。

操作方法：

1. 工具准备：录音机一部。
2. 工具摆放：将录音机摆在孩子可以听到的地方。
3. 操作过程：家长和孩子共同坐在录音机旁，把事先录好的各种小动物的声音放一遍，让孩子辨别，并说出是什么在叫，然后模仿一下，反复训练。
4. 游戏时间：10分钟。

注意事项：开始时要慢慢放，让孩子仔细辨别，然后连放。

延伸训练：也可不用录音机，由家长亲自模仿能发出声音的东西，让孩子来猜是什么发出的声音，然后由孩子来模仿，练习10分钟。

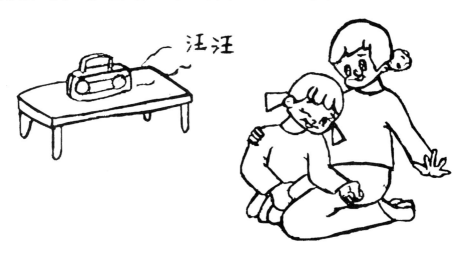

游戏 8

游戏名称：找自己。

训练目标：训练辨别能力及听知觉。

适合年龄：2～4 岁。

操作方法：

1. 准备工具：录音机。
2. 工具摆放：将录音机放到孩子可以听到的地方。
3. 操作过程：家长把事先录好的家人和孩子说话的录音放一遍，让孩子听后，找出哪个是自己说的，并复述一下自己说了什么内容，反复放、反复练。
4. 游戏时间：10 分钟。

注意事项：家长录音时，要在孩子不知道的情况下录，最好是日常生活中的片段，还要有陌生人的声音，可多录几段备用。

延伸训练：也可让孩子区别家里其他人的声音，说出具体是谁的声音，还有哪些是陌生人的声音等，练习 10 分钟。

游戏名称：打电话。
训练目标：训练听觉能力。
适合年龄：3～5岁。
操作方法：

> 1. 准备工具：圆纸盒2个，约2m长的细线一根。
> 2. 工具摆放：将圆纸盒中央扎孔，穿上细线，然后把两个圆纸盒固定在细线两端。
> 3. 操作过程：让孩子拿着一端的纸盒放在耳朵上，家长拿着另一端对着纸盒讲话或发出各种声音，让孩子说出听到了什么，反复练习。
> 4. 游戏时间：10分钟。

注意事项：家长的声音开始可以大些，然后逐渐变小，让孩子认真去听。
延伸训练：也可以让孩子讲话，家长来听，再互换，让孩子充分感受这一过程的不同，练习10分钟。

游戏 10

游戏名称：刮风了。
训练目标：训练听力的灵活性和听知觉。
适合年龄：3～5岁。
操作方法：

> 1. 工具准备：无。
> 2. 工具摆放：无。
> 3. 操作过程：家长可以在刮风的时候带孩子到外面去聆听风的声音，以及风刮到各种东西发出的声音，如树梢、落叶的声音等，然后让孩子模仿或说出风刮在自己身上的感受。
> 4. 游戏时间：视具体情况而定。

注意事项：家长要注意孩子的安全，根据气温给孩子增减衣服等。
延伸训练：也可以带孩子去听雨声、雷声、小河的流水声和大海的涛声等，并让孩子模仿和说出感受。时间视具体情况而定。

第五篇 家庭中宝宝的视听统合训练

游戏名称：谁来了。
训练目标：训练记忆能力和听知觉。
适合年龄：3～6岁。
操作方法：

1. 工具准备：无。
2. 工具摆放：无。
3. 操作过程：家长事先设定好自己敲门的方式，告诉孩子。然后家长站在门外敲门，孩子在屋内听，让孩子辨别是谁在敲门，并说出为什么，反复训练。
4. 游戏时间：10分钟。

注意事项：家长一定要先向孩子讲好每个人的敲门方式，让孩子记住。
延伸训练：也可以让孩子记住家里每个人的脚步声和上、下楼的脚步声，然后让孩子在屋里听家里人回来时的脚步声，然后说出谁回来了，时间视具体情况而定。

游戏 12

游戏名称：听不同。

训练目标：训练判断能力和听知觉。

适合年龄：4～6岁。

操作方法：

> 1. 工具准备：儿童故事书一本，找出精彩的一段备用。
> 2. 工具摆放：将故事书放在光线好的桌子上。
> 3. 操作过程：家长和孩子面对面坐下，家长开始读一段故事中的一句话，让孩子认真听，然后重复这句话时故意读错一个字，让孩子说出两个的不同之处，多念几句，让孩子找不同，反复练习。
> 4. 游戏时间：10分钟。

注意事项：家长要根据孩子的年龄大小和接受程度来选择文章的难易程度。

延伸训练：家长也可把一个整段故事读完，改变后再读一遍时故意说错一处或几处，让孩子找出不同，并让孩子说出不同在哪里，训练10分钟。

 游戏 13

游戏名称：说数字。

训练目标：训练反应能力和听知觉。

适合年龄：4～6 岁。

操作方法：

1. 准备工具：无。
2. 工具摆放：无。
3. 操作过程：家长和孩子坐在一起，由家长先说"1"，然后让孩子接着说"2"，以此循环说下去，一直说到 100 为止或更多。
4. 游戏时间：10 分钟。

注意事项：家长要事先给孩子讲好规则，然后开始游戏。

延伸训练：家长也可以先说一个数，让孩子接着说出和这个数相隔的那个数，循环往下说，直到 100 为止；或家长说一个数，孩子说这个数的倍数，以此循环下去，直到 100 为止，训练 10 分钟。

游戏 14

游戏名称：绕口令。

训练目标：训练语言模仿能力和听知觉。

适合年龄：4~6岁。

操作方法：

1. 准备工具：几段绕口令。
2. 工具摆放：无。
3. 操作过程：家长先说一段简单的绕口令给孩子听，然后让孩子模仿着说，反复练习，直到说得准确流畅为止。
4. 游戏时间：10分钟。

注意事项：开始时家长要一字一句慢慢地说，以便孩子能够听清楚并记住，利于模仿，然后家长再说下一句，循序渐进。

延伸训练：也可教孩子说难度大一点的绕口令或快板书等。让孩子反复训练，直到说流畅为止，反复训练10分钟。

第五篇　家庭中宝宝的视听统合训练

游戏名称：成语接龙。
训练目标：训练应变能力及听知觉。
适合年龄：4～6岁。
操作方法：

1. 工具准备：《成语词典》一部。
2. 工具摆放：无。
3. 操作过程：家长可以先说出成语的前两个字，让孩子接着说出后两个字，家长再说，孩子再接。
4. 游戏时间：10分钟。

注意事项：此游戏要在孩子掌握一定成语词汇量的基础上才能进行。
延伸训练：家长也可以先说一个成语，孩子接着再说出一个首字与上一个成语尾字相同的成语，首尾相接说下去，反复训练10分钟。

第六篇
家庭中宝宝的精细动作训练

精细动作小常识

什么是精细动作

精细动作主要是指手的动作，也称为小肌肉动作，指个体主要凭借手以及手指等部位的小肌肉或小肌肉群的运动，在感知觉、注意力等心理活动的配合下完成特定任务的能力。这种能力的本质，就是手—眼—脑的协调能力。它对个体适应生存以及实现自身发展具有重要意义。对处于发展早期的孩子而言，他们面临多种发展任务（如写字、画画和够取物品等），精细动作能力既是这些活动的重要基础，也是评价孩子发展状况的重要指标。

发展宝宝精细动作的意义

人的手是认识客观世界、与外界交往的一种重要器官，人手能够完成20多种复杂动作，如抓、握、伸、屈、托、扭、拧、撕、推、刮、拨、叩、压、挖、弹、鼓掌、夹、穿、抹、拍、摇、绕、旋转等，这是目前任何一只机械手所不能比拟的。

著名哲学家康德曾说"手是身体的大脑"，对于婴幼儿来说，手指的活动，就是大脑的体操。活动的是手，得到锻炼的是大脑。手的动作与人脑的发育有着极为密切和重要的关系，在精细动作中，一方面，需要宝宝视觉、听觉、触觉等多方面感觉的参与；另一方面，手和手指活动能够使大脑的更多区域得到锻炼。锻炼手的精细动作和手的灵巧性，可以促进大脑的发育。

俗话说："十指连心""心灵手巧"。手不仅是动作器官，而且是智慧的体现。精细动作的发展能促进宝宝身体视觉、听觉、触觉等各部感官的发展，对语言、想象、思维等发展也有极大的助益。正如著名教育家苏霍姆林斯基所说："儿童的智力在他的手指尖上。"多动手，大脑才能更聪明。

精细动作训练需要手部动作和眼睛互相配合，是一个在大脑参与协调判断下的手、眼协调的完整的过程。精细动作的发育水平，表现了宝宝手的操作能力的高低，而手的操作能力又决定了宝宝未来学习某种技能的快慢。良好的操作能力是一种基本的素质，是学习任何一种特殊技能的前提条件。

宝宝精细动作发育不良的原因

宝宝精细动作的发育状况与孕周、母亲的文化程度、主要抚养人、主要抚养人对早期教育知识的态度、是否经常进行精细动作游戏训练等有着密切的关系。

（1）早产儿。宝宝的精细动作发育与大脑的发育密切相关，由于宫内发育时间短，神经系统发育的成熟度势必会受到影响，早产儿脑循环功能不成熟，使位于脑供血末梢的脑白质受到不同程度的损伤而影响小儿神经系统的功能，特别是导致运动发育障碍。一旦出现早产，应引起家长的高度重视，加强对早产儿的早期干预，促进大脑及精细动作发育，防止由于围产高危因素导致的精细动作发育迟缓。

（2）抚养人。研究显示，以老人、保姆为主要抚养者的宝宝，精细动作发育明显低于由父母抚养的宝宝。与父母相比，老人和保姆的文化程度、精力旺盛程度都较差，不易接受新知识和新理念，因此，在抚养过程中，不重视宝宝精细动作的训练。有的抚养者总是担心做精细动作游戏时发生异物吸入等意外伤害，从而很大程度上限制了宝宝精细动作游戏活动，导致精细动作缺乏练习的机会。

（3）母亲的文化程度。动作发展过程主要受人体器官生理成熟和所处环境两大因素的影响。母亲是孩子最为亲密的人，并且承担了对孩子的启蒙教育，文化程度较高的母亲对优生优育的科学理念更容易接受、理解和实施，更注重对孩子的教育影响，并在日常生活中不知不觉地将早期教育的方法融汇到自己的教养方式中，从而促进儿童精细动作的发展。而文化程度较低的母亲却没有这方面的知识，不重视宝宝的精细动作发育。

（4）精细动作游戏训练少。 研究显示，抚养人经常带孩子做多种精细动作游戏，其子女的精细动作发育商明显高于不做精细动作游戏的孩子。

因此，正常情况下，父母应当创造条件，在不同生长发育阶段，让孩子充分地去抓、握、拍、打、敲、捏、拧、挖……使孩子心灵手巧，不要担心宝宝抓脸便给他戴上手套，或捆起来不让他活动，限制宝宝手的自由。

宝宝精细动作发展的特点和规律

3岁前是宝宝精细动作发展最为迅速的时期。宝宝精细动作的发展主要以手部的动作为主，包括手掌握力的收放、手指的运用、拇指与其他手指的配合、拇指与其他手指同时使用以及手腕的灵活运用。

宝宝精细动作的发展是一个从整体到分化、从不随意到随意、从不准确到准确的连续发展过程。具体发育进程如下。

1个月：两手握拳，刺激时宝宝会产生抓握反射。

2个月：两手依然呈握拳状态，有时也会张开，但仅仅是一种无意识的动作。

3个月：能将双手放到面前观看并玩弄自己的双手，出现企图抓握东西的动作。最初是无意识地抓握，逐渐地，宝宝把看到的东西与手的运动联系起来，产生有意识地抓握。

5个月：能在拇指的参与下随意抓握身边看到的东西。

6~7个月：能在双手间有意识地准确传递物体。

8个月：能用拇指和其余四指相对，像把小钳子，学会用指尖取物，喜欢敲击物品。

9～10个月：能用拇指与食指拈取物体，尤其喜欢将小的颗粒放入瓶子里，倒出，再放入。

11～12个月：宝宝的两只手活动自如，能握笔涂鸦。

12个月以上：能摆稳积木2块以上，并逐渐增多，能模仿画线、画几何图形等，画画由不随意画到随意画。

宝宝精细动作发育不良对孩子成长的影响有哪些

俗话说"心灵手巧"，说明手与脑的关系是非常密切的。大脑的发育使手的动作得到发展，反之，灵巧的手也能加速大脑神经网络的建立，刺激大脑快速发展。

如果宝宝的精细动作不良，说明手的动作能力不好，这直接反映宝宝大脑的发育水平是否存在一定的问题，需要关注。宝宝精细动作不良，也会影响到宝宝的自信，进而影响他的心理成长。

精细动作训练应注意哪些问题

（1）应考虑精细动作训练的有序性与计划性。

（2）注重双手的同时训练，特别要加强左手的练习，促进脑的全面发展。

（3）实现做与玩相结合，提高宝宝的综合素质。

（4）早期的手部运动需要一定的运动量进行强化。

（5）训练时要考虑宝宝的精细动作发展的速度和活动方式。

不同阶段宝宝精细动作的训练要点有哪些

0～6个月宝宝精细动作的训练要点：主要以抓握为主；由先天的无意识反射训练转为有意识抓握训练；由满手抓发展为拇指与其他四指的对抓。

6～12个月宝宝精细动作的训练要点：主要训练宝宝的手眼协调能力。可训练宝宝用手拍打、对敲、抓握、放开、扔下等动作，促进宝宝手部小肌肉群的发育。

1～2岁宝宝精细动作的训练要点：训练宝宝玩比较复杂的玩具和游戏，如串珠、拧瓶盖、撕纸、折纸、拼插，在玩的过程中手的运用能力和认知水平并行提高。

2～3岁宝宝精细动作的训练要点：主要训练宝宝的手眼协调能力和控制能力。可为宝宝提供各种组合玩具，运用泥胶、拼图、图画、纸张等材料，通过手指画、撕揉纸团、面粉团等手工活动来丰富宝宝的感觉体验。

3岁以上宝宝精细动作的训练要点：在原来训练的基础上加大难度，增加训练量，以达到强化训练的目的。

家庭中的精细动作训练游戏

游戏 1

游戏名称：手指按摩操。

训练目标：按摩手指，刺激大脑，促进抓握反射。

适合年龄：0～3个月。

操作方法：

1. 工具准备：无。
2. 工具摆放：无。
3. 操作过程：母亲用自己的手轻柔地给宝宝做手指按摩操。按摩的可以是手指的背部、手心、指腹及两侧、指尖等部位，以刺激宝宝大脑皮层的发育。
4. 游戏时间：2～5分钟。

注意事项：按摩前母亲要将双手洗干净，擦上婴儿润肤油，指甲不能太长，以免划伤宝宝。

延伸训练：也可用小按摩球按摩宝宝的小手。

游戏名称：握手摇铃。

训练目标：锻炼宝宝手的握紧能力，经过练习，从反射性的抓握成为主动的抓握。

适合年龄：0～3个月。

操作方法：

1. 工具准备：手摇铃。
2. 工具摆放：将手摇铃放在宝宝的手心。
3. 操作过程：将手摇铃的小棒放进宝宝的手心，他会反射性地握紧。开始握得最紧，时间也最长。接近两个月时就会越来越松。
4. 游戏时间：不限次数。

注意事项：注意所选玩具发出的声音不能太刺耳。

延伸训练：喂水或喂奶时，妈妈要尝试着帮助宝宝双手扶瓶，促进宝宝手的动作能力的发展。

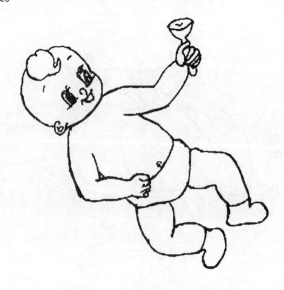

第六篇　家庭中宝宝的精细动作训练

游戏名称：我的小花手。

训练目标：帮助宝宝"发现"小手。

适合年龄：3～4个月。

操作方法：

1. 工具准备：婴儿袜子、鲜艳的丝带。
2. 工具摆放：将袜子套在宝宝的手上。
3. 操作过程：为了使宝宝早日发现自己的小手，可以用一双色彩鲜艳的婴儿袜子，将末端剪开，再从侧面剪一个孔，套在宝宝的手掌上。这是他观察了解自己身体部位最初的探索活动。
4. 游戏时间：次数不限。

注意事项：袜子要鲜艳，干净。

延伸训练：把花布撕成细条拧在一起做成手镯，戴在宝宝的两个手腕上，播放音乐，母亲拿着宝宝的小手放在宝宝眼前，随音乐转动小手。

游戏名称：主动够物。

训练目标：训练宝宝手的抓、握、推、拉的能力。

适合年龄：3～4个月。

操作方法：

1. 工具准备：哗铃棒、彩球、毛绒玩具、塑料钥匙等。
2. 工具摆放：将工具放在宝宝能够到的地方。
3. 操作过程：家长将哗铃棒递到距宝宝手 2～3 cm 远的地方，让宝宝抓握。
4. 游戏时间：3～5分钟。

注意事项：所选玩具要安全、有声有色。

延伸训练：把彩色的橡胶手套洗净，把手指塞鼓或放置带响的玩具，吊在宝宝眼前 20 cm 的床架上，宝宝的手能勉强摸到为宜。让宝宝使劲用手去抓、去抱，培养宝宝主动够物的意识。

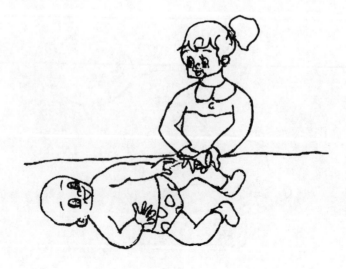

游戏名称：大把抓。

训练目标：训练宝宝手的抓握动作。

适合年龄：5～6个月。

操作方法：

1. 工具准备：乒乓球、小动物、能捏响的玩具等。
2. 工具摆放：将工具放在宝宝能够到的地方。
3. 操作过程：宝宝能抓到吊球及如同乒乓球大小的玩具时，都是用五个手指在同一个方向把东西抓住，物贴手心，这种方式我们称"大把抓"，也称"全掌握物"。
4. 游戏时间：3～5分钟。

注意事项：宝宝能把物抓起时，常常会放入口中，所以要保证玩具安全卫生。

延伸训练：把手帕放在宝宝的脸上，引导宝宝拉开手帕。还可以让宝宝随意拿带有棍棒的玩具，妈妈有意训练宝宝对掌握物，即大拇指与其他四个手指相对地拿东西。

游戏 6

游戏名称：手指对捏。
训练目标：训练宝宝拇指、食指对捏，两手配合的能力。
适合年龄：6~8个月。
操作方法：

1. 工具准备：大米花、小馒头等。
2. 工具摆放：将大米花或小馒头放在宝宝手的虎口间。
3. 操作过程：大米花或小馒头应放在宝宝手的虎口之间，让宝宝用拇指和食指去捏起，这样就会促进拇指和其他手指配合。
4. 游戏时间：时间不限。

注意事项：工具应由大到小，小馒头到花生米，再到大米花等。
延伸训练：用清水洗过的葡萄干，放在盘子里蒸熟消毒，或放在微波炉里加热3分钟。宝宝同妈妈一起捏起蒸过的葡萄干放在嘴里。妈妈示范，用大拇指和食指捏起，每次只拿一粒。

游戏名称：双手对敲。

训练目标：锻炼两只手一起做游戏，训练手眼协调。

适合年龄：6～10个月。

操作方法：

1. 工具准备：积木、小盒、小瓶、小勺等能敲响的硬质地玩具。
2. 工具摆放：将工具放在宝宝能够到的地方。
3. 操作过程：宝宝左手和右手各拿一物，对敲出声音来。妈妈先做示范，宝宝很快就能学会。
4. 游戏时间：不限。

注意事项：敲击的玩具要大一点，免得划破宝宝的小手。

延伸训练：做一只小青蛙，在小青蛙的身上放四个木球，用小锤敲击小球，使小球滚下，让宝宝观察小球的滚动。

游戏名称：玩具传手。
训练目标：宝宝能把右手的东西传到左手，腾出右手去拿第三件东西。
适合年龄：6～8个月。
操作方法：

1. 工具准备：漂亮的三个玩具。
2. 工具摆放：将两个玩具放在宝宝的左右手上。
3. 操作过程：让宝宝的两手都握着东西，妈妈给他第三个玩具时，宝宝开始时会扔掉一个去拿第三个。妈妈给宝宝示范，把左手打开，将右手拿着的东西放到左手，用右手去拿第三个玩具，使宝宝学会传手。
4. 游戏时间：每次玩2～5分钟。

注意事项：玩具选择不能太大，以宝宝一只小手可以握到两个玩具为好。
延伸训练：可以更换玩具，加入儿歌一起玩："我有两只小手，左手和右手，右手传左手，左手传右手。"

第六篇　家庭中宝宝的精细动作训练

游戏名称：投小丸入瓶。
训练目标：训练宝宝手的灵活性、协调性和准确性。
适合年龄：9～12个月。
操作方法：

1. 工具准备：透明玻璃瓶、花生米等。
2. 工具摆放：无。
3. 操作过程：可以让宝宝练习捏起花生米等小丸状食物放进直径约3 cm的透明玻璃瓶内，训练他熟练地捏起小丸并准确地放入瓶中的技巧。
4. 游戏时间：3～5分钟。

注意事项：所选瓶口和小丸大小根据宝宝的熟练程度而定。
延伸训练：选择小口径的瓶子，将瓶中的小丸拿出来，再放入瓶中，也可以用不同粗细的软管制作成毛毛虫之类小动物的身体，提供不同材质、大小的球（可以是弹性球、毛毛球等较小的软性类材料），可以一把抓起若干个"球"，塞进毛毛虫的"嘴巴"里。

游戏名称：玩套圈。
训练目标：训练宝宝手眼协调性以及手的灵活性。
适合年龄：9～12个月。
操作方法：

1. 工具准备：套圈等。
2. 工具摆放：无。
3. 操作过程：第一步，找一些小圈或小环，先套在妈妈的食指上，然后让宝宝竖起食指，把小圈套在宝宝的食指上。第二步，用一根小棍代替手指，让宝宝把小圈套在小棍上。
4. 游戏时间：3～5分钟。

注意事项：小棍不能有尖。
延伸训练：也可以用一个套塔，让宝宝把小圈随便套在套塔上，不用要求按大小排列。

游戏 11

游戏名称：转拨浪鼓。

训练目标：让宝宝学会转动手腕，训练手腕的灵活性。

适合年龄：10～12个月。

操作方法：

1. 工具准备：拨浪鼓。
2. 工具摆放：无。
3. 操作过程：妈妈拿着拨浪鼓用手腕前后转动，拨浪鼓两边的小锤打到鼓面上，发出"咚咚"的声音。妈妈握住宝宝的手腕，教宝宝前后转动，学会转响拨浪鼓。
4. 游戏时间：3～5分钟。

注意事项：训练时间不宜太长，防止宝宝手腕疲劳。

延伸训练：配上音乐，让宝宝学习妈妈的示范动作，随着音乐转动手腕，边转边唱儿歌："小小手高高举，转一转真美丽。"

游戏名称：铲子和小桶。
训练目标：宝宝学会用铲子，促进手眼协调。
适合年龄：1岁至1岁半。
操作方法：

1. 工具准备：小铲和小桶。
2. 工具摆放：无。
3. 操作过程：让宝宝学大孩子那样用铲子把沙土铲到小桶里，宝宝很开心。开始宝宝不会用铲子，常常把凸面向上，铲不到沙土，经过多次练习，学会了把凹面向上，就很顺利地把沙土铲到桶里。宝宝会很积极地练习，学会了使用铲子和桶。
4. 游戏时间：3～5分钟。

注意事项：铲沙子时，家长要教给宝宝正确的方法，免得沙子进入眼睛里。
延伸训练：指导宝宝在一个盆里或纸箱里，挖坑，种几粒种子，浇水让其发芽。

游戏 13

游戏名称：剥开神秘包。

训练目标：训练宝宝手眼协调，用不同的方法打开各种包装。

适合年龄：1岁至1岁半。

操作方法：

1. 工具准备：有包装的糖果、点心、饼干等。
2. 工具摆放：无。
3. 操作过程：拿到糖果后在一侧反方向地拧开糖纸，打开就可以吃到糖果。
4. 游戏时间：2～3分钟。

注意事项：注意选择不易划伤宝宝小手的包装纸。

延伸训练：找有包装的饼干，妈妈可以先示范，然后让宝宝看到小包装上的标志，在有标志的地方动手撕开。让宝宝练习自己剥开饼干的包装袋。

游戏名称：镶嵌图。
训练目标：训练宝宝小手能准确地将图镶嵌在适当的位置。
适合年龄：1~2岁。
操作方法：

1. 工具准备：木制的、硬纸制的和泡沫塑料制的形穴镶嵌图。
2. 工具摆放：无。
3. 操作过程：在图板上有几个穴位，每个穴位可拿出图块，要求宝宝自己判断哪个图块应放回哪个穴位上。这些游戏可以让宝宝自己反复操作，妈妈不必干扰。
4. 游戏时间：3~5分钟。

注意事项：自制镶嵌图最好是彩色的。
延伸训练：将一个动物图片分成几部分，然后让宝宝组合成一个完整的图形。

 游戏 15

游戏名称：钥匙开锁。
训练目标：训练宝宝手的准确性、手腕转动的灵活性以及手眼的协调性。
适合年龄：1~2 岁。
操作方法：

> 1. 工具准备：专门为宝宝练习的大锁玩具或真锁。
> 2. 工具摆放：无。
> 3. 操作过程：妈妈先示范，用一个大钥匙插到锁眼里，要插到底，然后转动，锁就被打开了。宝宝很喜欢自己去试，往往要经过多次的练习才能将锁打开。
> 4. 游戏时间：5~10 分钟。

注意事项：让宝宝玩真锁时一定要注意卫生及安全。
延伸训练：让宝宝玩上发条的玩具或需要腕部转动的玩具。

游戏名称： 信笔涂鸦。

训练目标： 训练宝宝手的灵活性、准确性以及用笔涂画的兴趣，掌握正确的握笔姿势。

适合年龄： 1~2岁。

操作方法：

1. 工具准备：笔、纸等。
2. 工具摆放：无。
3. 操作过程：培养宝宝用整个手掌握住笔，在纸上戳出点或画出笔道。可在废旧的大挂历背面涂画，并更换各种笔来画。
4. 游戏时间：5~10分钟。

注意事项： 告诉宝宝不要将画笔放在嘴里。

延伸训练： 让宝宝用手指蘸各色颜料在画纸上随意画手指画。

游戏名称：穿珠子。

训练目标：训练宝宝手眼协调能力,同时学习颜色、形状和数数。

适合年龄：1岁半至3岁。

操作方法：

1. 工具准备：木珠直径大于2 cm,中间的孔直径为0.5 cm。

2. 工具摆放：无。

3. 操作过程：第一步,让宝宝学会把绳子穿入珠孔,由妈妈帮忙拉出。第二步,妈妈把绳子穿进珠孔,让宝宝拉出。

4. 游戏时间：5～10分钟。

注意事项：不宜用直径小于2 cm的珠子,以防宝宝吞咽而窒息。

延伸训练：可以用鞋带等头部稍硬的绳子及洞口大小不一的五颜六色的珠子、通心粉、吸管等,为妈妈穿项链。边穿边认颜色,学数数。(活动材料可依据孩子的年龄增长而调整)

游戏名称：盖盖子。

训练目标：训练宝宝手腕的力量。

适合年龄：1岁半至3岁。

操作方法：

1. 工具准备：化妆品瓶、食品瓶和盒子等。
2. 工具摆放：无。
3. 操作过程：把家里大大小小的空瓶子和空盒子留给宝宝做玩具，宝宝会十分喜欢，甚至胜过花钱买来的玩具。妈妈先挑选不同大小的瓶子或盒子，让宝宝自己把盖子打开，再配上盖拧上。
4. 游戏时间：5~10分钟。

注意事项：所用的各种瓶子一定要清洗干净。

延伸训练：在瓶身上粘贴上宝宝熟悉的小动物图形，在瓶盖上粘贴小动物们所喜爱的食物，让宝宝在寻找小动物们所喜爱的食物的同时，将瓶盖拧上。训练宝宝动手和动脑的能力。

第六篇 家庭中宝宝的精细动作训练

游戏名称：捏橡皮泥。

训练目标：训练宝宝手的压、搓、捏的能力。

适合年龄：1～3岁。

操作方法：

> 1．工具准备：橡皮泥或一小块面团等。
>
> 2．工具摆放：无。
>
> 3．操作过程：可以让宝宝学捏橡皮泥或一小块面团，搓圆后用手掌压扁就成了烧饼；捏一个圆球，上面插一根火柴就成了苹果；捏几只小动物，办一个"动物园"；捏家具，做"娃娃家"的游戏，以促进宝宝手的灵活性。
>
> 4．游戏时间：5～10分钟。

注意事项：要使用环保的橡皮泥。

延伸训练：提供彩色皱纸若干，让宝宝将纸揉捏成小纸团，粘贴在妈妈事先画好形状的轮廓线内，如心、草莓等各种形状。也可用各色蔬菜汁加面粉揉捏，制成串串烧。

游戏 20

游戏名称：学折纸。

训练目标：训练宝宝手的压、折、捏的能力。

适合年龄：2～6岁。

操作方法：

1. 工具准备：彩纸、剪刀等。
2. 工具摆放：无。
3. 操作过程：宝宝将纸折成边角基本整齐的正方形、长方形和三角形，也可以折成一只小狗头等。
4. 游戏时间：5～10分钟。

注意事项：选择的纸先软后硬，逐渐增加纸张的硬度。

延伸训练：用针在不要的A4或B5纸上扎出不同图案的针孔，如直线、三角形、正方形、梯形等，让孩子顺着针孔把图案撕下来。撕下来以后，让孩子说出这是什么图案。

第六篇 家庭中宝宝的精细动作训练

游戏名称：学用筷子。
训练目标：训练宝宝手的综合协调能力。
适合年龄：2～6岁。
操作方法：

1. 工具准备：玩具筷子等。

2. 工具摆放：无。

3. 操作过程：当宝宝能熟练地使用勺子时，就可学用筷子了。让宝宝用拇指、食指、中指操纵第一根筷子，用中指和无名指控制第二根筷子，练习夹起盘中的枣、带壳的花生和纸包的糖果。

4. 游戏时间：3～5分钟。

注意事项：使用的筷子不能太尖，最好是木制的儿童筷，防止误伤宝宝的眼睛。
延伸训练：创设一个娃娃家或小舞台，提供大小不同的夹子，请宝宝为娃娃晒衣服，或将"演出服"悬挂在衣架上，用夹子夹住。

游戏名称：学扣扣。

训练目标：锻炼宝宝手的精细动作，有助于培养宝宝的独立生活能力。

适合年龄：2~4岁。

操作方法：

1. 工具准备：准备一块小布，一个硬纸板，5个1cm×1cm大小的扣子。
2. 工具摆放：无。
3. 操作过程：在硬纸板上钉一排扣子，用布做成衣服式样套在硬纸板上，让宝宝练习解扣子、扣扣子，家长也可先示范。一般孩子先学会解扣子，然后学会扣扣子。
4. 游戏时间：5~10分钟。

注意事项：注意不要让宝宝把扣子吃掉。

延伸训练：除了让宝宝专门练习解扣子、扣扣子，平时在日常生活中也要让宝宝自己解衣扣、扣衣扣。也可用各种材料制作宝宝熟悉的果树，在树上缝制纽扣，再制作相应的果实，让宝宝将果实扣在果树上，以提高宝宝扣衣扣的兴趣。

第六篇　家庭中宝宝的精细动作训练

游戏名称： 变废为宝。
训练目标： 让宝宝尝试自己动手制作玩具，培养宝宝动手制作玩具的能力。
适合年龄： 2～6岁。
操作方法：

1. 工具准备：塑料饮料瓶和锥子。
2. 工具摆放：无。
3. 操作过程：妈妈爸爸同宝宝一起利用家里的废品自制玩具。最容易自制的玩具是流水玩具。在软饮料瓶底正中用锥子扎一个洞，再在瓶颈部扎另一个洞，玩具就做好了。
4. 游戏时间：5～10分钟。

注意事项： 注意锥子使用的安全性，用完后一定要收起来，以免出现意外。
延伸训练： 引导宝宝将家中用过的废物利用起来，制作各种玩具，如各种盒子可以制成小房子、小动物等。

游戏名称：抠一抠。

训练目标：训练宝宝手眼协调能力。

适合年龄：2～6岁。

操作方法：

1. 工具准备：画有动物的纸板、纸团等。
2. 工具摆放：无。
3. 操作过程：首先将动物花纹画在硬纸板盒子上，镂空出大小不同的洞洞，再提供纸团、布团，让宝宝将其塞入不同大小的洞洞中，再将塞入洞洞的纸团等物用手指轻轻抠出。
4. 游戏时间：5～10分钟。

注意事项：不要选用带铅的报纸做纸团，以防铅中毒。

延伸训练：用纸板制作成葡萄园，把卷筒纸芯截短并固定在背景中，将自制的"葡萄"塞进卷筒纸芯中，长满葡萄后，再一个个抠出来，放到小水果篮中。

第六篇　家庭中宝宝的精细动作训练

游戏 25

游戏名称：我是小画家。
训练目标：训练宝宝用笔的能力。
适合年龄：2～6 岁。
操作方法：

1. 工具准备：笔、纸等。
2. 工具摆放：无。
3. 操作过程：宝宝 2 岁以后，开始模仿着画竖道、画能封口的圆、画"十"字等，到了 3 岁时，他就能学会用左手扶纸，模仿画"口"型。可以布置一个"涂画角"，为宝宝提供画画的机会。
4. 游戏时间：5～10 分钟。

注意事项：画画时间不宜太长，按要求做。
延伸训练：增加模仿画的难度，让宝宝模仿画。

游戏名称：打绳结。

训练目标：促进宝宝手眼的协调能力。

适合年龄：3～6岁。

操作方法：

> 1. 工具准备：木制的、硬纸制的、塑料制的穿线玩具和彩色绳。
> 2. 工具摆放：无。
> 3. 操作过程：将事先准备好的带孔玩具拿出来，妈妈示范先将玩具穿起来，再打结，并让宝宝试着跟妈妈一起操作。
> 4. 游戏时间：5～10分钟。

注意事项：绳子不宜过长、过短或过细。

延伸训练：准备好可以分类穿线的几组带孔玩具（也可以是具有一个小故事情节的、有图案的带孔玩具），要求宝宝按类（或者按颜色、形状等）将每组玩具穿起来，每一个组合各打一个结。在日常生活中，也可以让宝宝练习系鞋带。

游戏名称：拧螺丝。
训练目标：训练宝宝拧的动作。
适合年龄：2~6岁。
操作方法：

1. 工具准备：木制的螺丝玩具、塑料的螺丝玩具。

2. 工具摆放：无。

3. 操作过程：妈妈先做示范，宝宝模仿妈妈完成拧螺丝动作，拧好带有螺丝的玩具。

4. 游戏时间：5~10分钟。

注意事项：螺丝边角要圆，没有毛刺，螺丝直径应大于2cm。
延伸训练：用硬纸板（或KT板）裁制成汽车、火车等造型，准备好若干螺丝、螺帽，让宝宝尝试用螺丝、螺帽为汽车安装轮子，链接火车轨道等活动。

 游戏 28

游戏名称：学用剪刀。
训练目标：锻炼宝宝手的精细动作，有助于培养宝宝独立生活的能力。
适合年龄：4～6岁。
操作方法：

1. 工具准备：钝头剪刀。
2. 工具摆放：无。
3. 操作过程：练习时让宝宝将拇指插入一侧手柄，中指插入对侧手柄，食指在手柄之外帮助维持剪刀的位置。家长在纸上勾画出直线，让宝宝将其剪下。
4. 游戏时间：3～5分钟。

注意事项：所用剪刀一定要是钝头剪刀。
延伸训练：家长在彩纸上勾画出直线、曲线等线条，让宝宝用安全剪刀将其剪下，捏贴成各式发型或其他图案。

游戏 29

游戏名称：海绵画。

训练目标：训练宝宝手眼协调能力，激发想象力。

适合年龄：4～6岁。

操作方法：

1. 工具准备：海绵和白纸。
2. 工具摆放：无。
3. 操作过程：在白纸上画一所大房子，指导宝宝用夹子夹一块小海绵，用海绵蘸着颜料，在白纸上用海绵作画。

在宝宝作画的过程中，妈妈可以为宝宝唱一首歌：

```
      1＝C 2/4              粉刷匠
 5 3   5 3 | 5 3   1 | 2 4   3 2 | 5 - | 5 3   5 3 | 5 3 1 | 2 4   3 2 | 1 - |
 我是  一个粉刷匠   粉刷本领  强，我要把那  新房子  刷得很漂  亮，
 2 2   4 4 | 3 1 5 | 2 4   3 2 | 5 - | 5 3   5 3 | 5 3   1 | 2 4   3 2 | 1 - |
 刷了房顶又刷墙刷子飞舞  忙，哎呀我的小鼻 子 变呀变了  样。
```

4. 游戏时间：5～10分钟。

注意事项：可以为宝宝准备不同的绘画工具，如海绵、筷子、毛线、树叶、塑料叉子等。

延伸训练：还可以准备一些萝卜、苹果、梨等大面积涂色的画，让宝宝练习海绵画。

游戏 30

游戏名称：手指操。
训练目标：锻炼宝宝手指的灵活性，提高宝宝的认知能力。
适合年龄：2～6岁。
操作方法：

> 1. 工具准备：无。
> 2. 工具摆放：无。
> 3. 操作过程：
>
> 一个手指头、一个手指头，变呀、变呀、变呀、变呀，变成一个毛毛虫；（左右手指放到一起向前拱动）
>
> 两个手指头、两个手指头，变呀、变呀、变呀、变呀，变成一只小白兔；（两根手指放在头顶）
>
> 三个手指头、三个手指头，变呀、变呀、变呀、变呀，变成一只小花猫；（三根手指放在嘴边）
>
> 四个手指头、四个手指头，变呀、变呀、变呀、变呀，变成一只花蝴蝶；（勾在一起翩翩起舞）
>
> 五个手指头、五个手指头，变呀、变呀、变呀、变呀，变成一只大螃蟹。（作螃蟹状向前行）
>
> 4. 游戏时间：5～10分钟。

注意事项：要根据宝宝的年龄及发育水平来选择合适的手指操游戏，手指操内容要生动有趣，游戏不宜过难、时间不宜过长。

延伸训练：做手指操可以增强注意力、增强记忆力、快速入静、平衡左右脑，缓解脑疲劳，提高统合能力、增强节奏感、韵律感、增强想象力、提升创造力、提高大脑思维速度、开发大脑。所以，家长要积累更多的手指操，和宝宝一起做。

下面向大家介绍几个手指操。

1）手指锣鼓

咚（小指相敲），

咚（无名指相敲），

咚（中指相敲），

咚（食指相敲），

锵（拇指相敲）。

咚锵！咚锵！咚咚咚咚锵！（五指随口令轮番互敲）

2）小手敲敲

你敲鼓我敲锣（左手上下运动食指，右手上下运动小指），

我敲鼓你敲锣（左手动小指，右手动食指），

大家一齐敲（食指小指一起运动），

中间开了河（食指、中指向上运动，无名指、小指向下运动）。

3）小手摇一摇

小手小手摇摇，摇到肩上跳一跳（妈妈拿着宝宝的小手先摇两下，再摇到肩上跳两下）。

小手小手摇摇，摇到肚上拍一拍（妈妈拿着宝宝的小手先摇两下，再摇到肚子上拍两下）。

小手小手摇摇，摇到身后找不到（妈妈拿着宝宝的小手先摇两下，再把手藏到身后找不到，示意没有）。

4）三只鸟

天上三只鸟在飞（运动左手拇指、中指、无名指），

地下三匹马在跑（运动右手拇指、中指、无名指）。

上面树洞里睡了个小狗熊（运动右手食指）。

下面树洞里睡了个小松鼠（运动左手小指）。

两只小兔在一旁玩耍（运动左手食指和右手拇指）。

5）手指兄弟

兄弟十个分两组（十指伸展手心向外），

生来个子有高低（翻动两手手心向内）。

老大长得最粗壮（两手伸拇指），

老二生来有主意（两手伸食指）。

老三长得个子大（两手伸中指），

老四生来没出息（两手伸无名指）。

老五别看个子小（两手伸小指），
拉起钩来有本事（两手小指互钩）。
老大碰碰头（两手大拇指相碰），
老二碰碰脸（两手食指相碰）。
老三弯弯腰（两手中指上下运动），
老五伸伸腿（两手小指伸展运动）。
东一捶（右手捶左手心），
西一捶（左手捶右手心）。
南一捶（右手捶左手背），
北一捶（左手捶右手背）。
大家拍手把歌唱（两手拍掌），
握紧拳头有力气（握双拳举双手）。

6）十个手指
一只小虫爬爬；
两只小兔跳跳；
三只孔雀美美；
四只小猫喵喵；
五只小鸟飞飞；
六头小牛哞哞；
七只小猴摘桃；
八只手枪啪啪；
九只小羊咩咩；
十辆小车嘟嘟。

7）变化的小小手
小小手会变化，做只小鸡试试吧！
小鸡吃米叽叽叽，吃米以后会长大。

叽叽叽一粒米，叽叽叽两粒米，叽叽叽三粒米，叽叽叽四粒米，小鸡长成大母鸡。

母鸡下蛋咯咯嗒，咯咯嗒一个蛋，咯咯嗒两个蛋，咯咯嗒三个蛋，咯咯嗒四个蛋。

母鸡母鸡真能干，下了许多许多蛋。

参考文献

[1] 鲍秀兰. 新生儿行为和0~3岁教育[M]. 北京：中国少年儿童出版社，1995.

[2] 孟昭兰. 婴儿心理学[M]. 北京：北京大学出版社，1997.

[3] 杨霞，叶蓉. 儿童感觉统合实用手册[M]. 上海：第二军医大学出版社，2007.

[4] 黄保法. 感觉统合与儿童成长[M]. 北京：少年儿童出版社，2006.

[5] 朱利欣. 0~3岁亲子游戏[M]. 北京：中国人口出版社，2009.

[6] 台湾《婴儿与母亲》编辑部. 宝宝早教魔法书[M]. 北京：中国人口出版社，2008.

[7] 童梅玲. 早期教育对婴儿运动发育影响的研究[J]. 中国儿童保健杂志，2001(95).